中华精神家园

中部之魂

淳朴湖湘

湖湘文化特色与形态

肖东发 主编　胡元斌 编著

中国出版集团

现代出版社

图书在版编目（CIP）数据

淳朴湖湘：湖湘文化特色与形态 / 胡元斌编著. —
北京：现代出版社，2014.5（2019.1重印）
ISBN 978-7-5143-2428-0

Ⅰ. ①淳… Ⅱ. ①胡… Ⅲ. ①地方文化－研究－湖南
省 Ⅳ. ①G127.64

中国版本图书馆CIP数据核字(2014)第085407号

淳朴湖湘：湖湘文化特色与形态

主　　编：肖东发
作　　者：胡元斌
责任编辑：王敬一
出版发行：现代出版社
通信地址：北京市定安门外安华里504号
邮政编码：100011
电　　话：010-64267325 64245264（传真）
网　　址：www.1980xd.com
电子邮箱：xiandai@cnpitc.com.cn
印　　刷：三河市华晨印务有限公司
开　　本：710mm×1000mm　1/16
印　　张：10
版　　次：2015年4月第1版　2021年3月第4次印刷
书　　号：ISBN 978-7-5143-2428-0
定　　价：29.80元

　　党的十八大报告指出："文化是民族的血脉，是人民的精神家园。全面建成小康社会，实现中华民族伟大复兴，必须推动社会主义文化大发展大繁荣，兴起社会主义文化建设新高潮，提高国家文化软实力，发挥文化引领风尚、教育人民、服务社会、推动发展的作用。"

　　我国经过改革开放的历程，推进了民族振兴、国家富强、人民幸福的中国梦，推进了伟大复兴的历史进程。文化是立国之根，实现中国梦也是我国文化实现伟大复兴的过程，并最终体现为文化的发展繁荣。习近平指出，博大精深的中国优秀传统文化是我们在世界文化激荡中站稳脚跟的根基。中华文化源远流长，积淀着中华民族最深层的精神追求，代表着中华民族独特的精神标识，为中华民族生生不息、发展壮大提供了丰厚滋养。我们要认识中华文化的独特创造、价值理念、鲜明特色，增强文化自信和价值自信。

　　如今，我们正处在改革开放攻坚和经济发展的转型时期，面对世界各国形形色色的文化现象，面对各种眼花缭乱的现代传媒，我们要坚持文化自信，古为今用、洋为中用、推陈出新，有鉴别地加以对待，有扬弃地予以继承，传承和升华中华优秀传统文化，发展中国特色社会主义文化，增强国家文化软实力。

　　浩浩历史长河，熊熊文明薪火，中华文化源远流长，滚滚黄河、滔滔长江，是最直接的源头，这两大文化浪涛经过千百年冲刷洗礼和不断交流、融合以及沉淀，最终形成了求同存异、兼收并蓄的辉煌灿烂的中华文明，也是世界上唯一绵延不绝而从没中断的古老文化，并始终充满了生机与活力。

　　中华文化曾是东方文化摇篮，也是推动世界文明不断前行的动力之一。早在500年前，中华文化的四大发明催生了欧洲文艺复兴运动和地理大发现。中国四大发明先后传到西方，对于促进西方工业社会的形成和发展，曾起到了重要作用。

　　中华文化的力量，已经深深熔铸到我们的生命力、创造力和凝聚力中，是我们民族的基因。中华民族的精神，也已深深植根于绵延数千年的优秀文化传统之中，是我们的精神家园。

　　总之，中华文化博大精深，是中国各族人民五千年来创造、传承下来的物质文明和精神文明的总和，其内容包罗万象，浩若星汉，具有很强的文化纵深，蕴含丰富宝藏。我们要实现中华文化伟大复兴，首先要站在传统文化前沿，薪火相传，一脉相承，弘扬和发展五千年来优秀的、光明的、先进的、科学的、文明的和自豪的文化现象，融合古今中外一切文化精华，构建具有中国特色的现代民族文化，向世界和未来展示中华民族的文化力量、文化价值、文化形态与文化风采。

　　为此，在有关专家指导下，我们收集整理了大量古今资料和最新研究成果，特别编撰了本套大型书系。主要包括独具特色的语言文字、浩如烟海的文化典籍、名扬世界的科技工艺、异彩纷呈的文学艺术、充满智慧的中国哲学、完备而深刻的伦理道德、古风古韵的建筑遗存、深具内涵的自然名胜、悠久传承的历史文明，还有各具特色又相互交融的地域文化和民族文化等，充分显示了中华民族的厚重文化底蕴和强大民族凝聚力，具有极强的系统性、广博性和规模性。

　　本套书系的特点是全景展现，纵横捭阖，内容采取讲故事的方式进行叙述，语言通俗，明白晓畅，图文并茂，形象直观，古风古韵，格调高雅，具有很强的可读性、欣赏性、知识性和延伸性，能够让广大读者全面接触和感受中国文化的丰富内涵，增强中华儿女民族自尊心和文化自豪感，并能很好继承和弘扬中国文化，创造未来中国特色的先进民族文化。

2014年4月18日

文明开化——文化之源

一脉相承——先贤精魂

文化风韵——湖湘工艺

百花齐放——文苑奇葩

湖南洞庭区是土质松软的澧阳冲积平原，具有发展规模稻作文化的自然条件，从旧石器晚期始，先民们陆续进入这个平原。

　　湖南气候温湿，其南部的江永一带是原始野生稻产地。毗邻江永的道县玉蟾洞遗址发现超乎一万年的陶器和三粒完整的稻谷，其中稍早的为野生稻，略晚的为栽培稻，还保留有野生稻、籼稻和粳稻的综合特征，是世界上发现最早的栽培稻标本。

　　八九千年前的澧县彭头山就有文字发明前的表意符号、绘画和图腾。8000年左右的澧县八十垱遗址，发现稻谷和大米两万多粒，是全世界史前稻作谷物发现最多的地方。

文明开化

文化之源

三湘四水孕育远古始祖

冬季凛冽的西伯利亚寒潮滚滚南下，长驱直入湖南全境，达南岭的脚下郴州永州一线，被阻于南岭；夏季南方阳光烈日加上湘北洞庭湖大水面的蒸发，使三湘大地热气郁积而不得散发，致使盛夏酷暑。

而春秋两季，三湘大地时而受西北的冷锋控制，时而受西南暖湿气流的影响，故气候多变，时晴时雨，骤冷骤热。

湖南又是"艰难困苦，玉汝于成"的地方，自远古时期开始就有了人类生存、生活的痕迹。

湖南"石门人"即在湖南省石门县皂市镇凤堡岭西山角的燕尔洞洞穴发现的人类股骨化石，这也是湖南境内首次发现的古人类化石，属晚期智人，距今约2万年，晚更新世的晚期。

■古代人头骨化石

石门人是湖南省唯一的旧石器时代晚期的人类化石点，填补了湖南旧石器时代人类化石的空白。

石门县位于我国湖南省西北部。据《舆地纪胜》卷记载：

> 吴时武陵充县松梁山，
> 有石洞开，广数十丈，其高似
> 弩仰射不至，名曰天门。孙休
> 以为佳祥，置天门郡于此……
> 县西二十五里。岩石壁立如
> 门，县以此名。

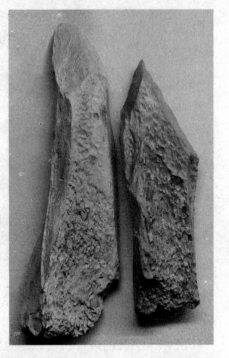

■ 骨尖头器

相传在很久以前，石门县这里是车走不通、人行不便的死岗，岗下有一大汀，水深莫测，浊浪滚滚，水害连年，成为无人涉足的天堑。多少年，多少代，人们盼望这里能打通屏嶂成为坦途，变水害为水利。

有一年，当地有一位老石匠，带领几名乡亲到石门岗上劈山开路，想打开东西部的交通，把岗下泛滥的汀水堵起来。他们每天爬上高岗，下到汀边，不停地挥锤舞镐，劈山填土。

可是，大家干了一天又一天，干了一月又一月，石门关仍没有劈开。原来，山下的汀里藏着一条鱼精，一只鳖怪，它们施展妖术，使石门关白天劈开一块，晚上，又长出来一块。

一天，老石匠劈山归来时，发觉丢了一根錾子，

《舆地纪胜》

南宋中期的一部地理总志，王象之编纂，共有200卷，主要是节录当时数以百计的各地的方志、图经编纂而成，对各种方志、图经中的山川、景物、碑刻、诗咏，一概收录，而略于沿革，以符合"纪胜"的要求，该书内容丰富，编次有法，对史料注重考核。

出土的骨刀柄

他沿着弯弯的山路回去寻找。錾子找到了，他坐在山脚下喘口气，忽然听到一阵窃窃私语，一个鳖声鳖气地说："劈吧，有我俩在这儿休想劈开。"

另一个尖哑的声音："你别吹牛，一旦这些人用烟火烧石门关，我们就玩完了。"

石匠听后，跑回村里，连夜找来乡亲们，决定火烧石门关。第二天一早，石匠领着乡亲们，扛着柴火，拿着旧衣服破袄褚上了石门岗，在山口点起了通天大火，火借风势，越燃越旺，只见山冈下的汀里，浓烟滚滚，汀水沸腾，鱼精和鳖怪被烧得嗷嗷直叫，逃跑了。

火熄烟灭、汀水变清，一泓碧波在山脚下荡漾。石匠和乡亲们欢呼雀跃，劲头倍增，立即投入了劈山开路的战斗。

冬去春来，石门岗被拦腰劈开，一条大路被开辟了出来。这里的人们过上了幸福的生活，他们在石门燕尔洞一带生息繁衍，被称为"石门人"。

燕尔洞位于湖南石门县原阳泉乡凤堡岭西山角的溇水北岸，距县城西北25千米，燕尔洞又称牙齿洞，并不是很大很深的洞穴，几乎只相当于一个洞的洞口，再往里就被堵住了，大小不过10平方米左右。

洞前中央被一块断裂的大石头占住，可能是从上方垮下来的，上方岩壁二三十米高就到了山顶。地面是一些碎石，里面有鹅卵石，石质是灰岩、砂岩、板岩和硅质岩，和洞穴所在的石灰岩不是同一种岩石。

一个洞在北侧偏下部位，另一个洞在南侧偏上部位，两洞都处在凤堡岭西面的陡壁上。在洞穴中还采集出土了猕猴、豪猪、竹鼠、虎、豹、獾、中国犀、华南巨貘、东方剑齿象等数十种动物化石。

从发现的石器、骨器等工具以及并存的动物骨骼化石和某些动物骨骼化石上有火烧痕迹等推断，该洞是人类活动的场所。

在化石堆积层中，还发现远古人类使用过的打制石器，有砍砸器、刮削器、石核、石锤等石制品50余件，以及烧骨和经人类加工的骨器。

特别重要的是，在该处发现了一段人类左股骨化石、一件下颌骨，以及完整牙齿3颗。为研究湖南古人类提供了十分重要的资料。被命名为"石门人"。

"石门人"人类化石系一件股骨中部残段，呈黄

澧水 指澧水河，位于湖南省常德市石门县，是澧水第二大支流。因上中游地处高山峡谷，河床多系岩石，漏石分沙，水流清澈，长波浅澧，故名澧水。

猕猴 也称猢狲、黄猴、恒河猴、广西猴。是我国最常见的一种猴，分布于我国西南、华南、华中、华东、华北及西北的部分地区。猕猴一半时间在树上生活，一半时间在地上生活，多栖息在石山峭壁、溪旁沟谷和江河岸边的密林中或疏林岩山上。

■ 古代骨针

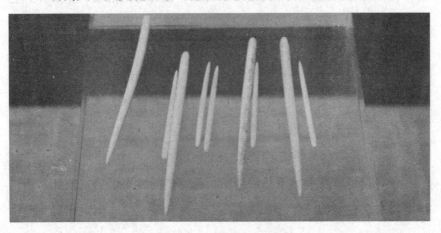

■ 原始人居住的洞穴

色，中等石化程度，股骨具有清晰的纵向沟纹，股骨嵴粗壮，内外唇明显，内唇褶曲痕深，外唇相对浅平，从股骨的特征看，与现代人接近，属智人。

石门人遗址的文化遗物，主要有石制品和骨制品，石制品多保留有自然砾石面，岩性为砂岩和石英岩。

石器分为两类，第一类为细小石器，全部为刮削器，主要以黑色燧石作为原料，石器制作方法均采用锤击法，以单面打击为主，少第二步加工，骨制品有骨锥和骨器柄端。

陶器比较原始，器坯系用泥片粘贴而成，胎厚而不匀。大部分陶器的胎泥中夹有炭屑，一般呈红褐色或灰褐色。器类不多，主要是深腹罐与钵，普遍装饰粗乱的绳纹。胎泥所夹的炭屑中明显有稻谷与稻壳的痕迹，是我国最早的人工栽培稻谷。

燕尔洞遗址发展脉络是最清晰、最完整的古人类洞穴遗址。燕尔洞洞穴是在左侧的凹岸的石灰岩陡壁上发育的三层溶洞，相对高程13

米，燕尔洞洞穴遗址由两个洞穴组成。

一个洞穴，有文化层堆积的洞厅，洞厅黑暗无光，中央有一巨大的洞顶崩塌角砾，径两三米，角砾的底部有丰富的动物化石胶结堆积。在洞厅东侧延伸方向有哺乳动物化石和人类文化堆积，地层共有七层，在第三层发现了人类文化遗物。

另一个洞穴在前一洞穴左侧洞内堆积较厚，地层共有五层，在第三层存在有哺乳动物化石和打制石器、骨器。

根据燕尔洞两个洞穴堆积的地层，一个洞穴应为晚更新世，距今约2万至10万年；另一个洞穴略晚，已进入晚期"智人"阶段，距今1万年至5万年。

燕尔洞的动物种类组合，反映了燕尔洞一带在旧石器时代晚期以山地森林为主，间有河谷草地的自然景观，由此可知，燕尔洞的旧石器人类生活在一个气候温暖、林木葱郁、水源充足的山间河谷，这是一个良好的人类栖息地。

石门人的生存时代可以从共生的动物化石群得到说明，可能为晚更新世的晚期。燕尔洞洞穴遗址发掘面积虽小，却提供了十分重要的古人类文化信息。

阅读链接

石门县地处武陵山区，武陵山盘踞于湖南的西北角，武陵山地域发现有近400处远古人类活动遗址。

遗迹中有从古猿、直立人、早期智人至晚期智人4个关键时期大量史前人类化石，分析武陵山地域古人类的本土性与连续性进化特征以及在古冰河期的生存环境，可以推断武陵山地域是中华古人类的主要发源地。

指明武陵山地域的古人类起源早于欧亚大陆的其他地区，否定了中华古人类的"非洲迁徙说"和关于非洲以外古人类的冰雪灭绝论。

新石器文化荟萃湖湘

　　湖南气候温湿，其南部的江永一带是原始野生稻产地。毗邻江永的道县玉蟾洞遗址发现超过1万年的陶器和稻谷。

　　道县先民在自然界野生稻不能满足人们食用需要的形式面前，通过栽培，改造野生稻，率先为人类燃起了开拓稻作文化的希望。

■原始人制陶塑像

玉蟾洞址位于湖南道县西北寿雁镇，是一处文化性质单纯、文化内涵丰富的远古时代洞穴遗址，遗址文化堆积厚1.2米至1.8米，洞内遗物主要为打制石器和骨、角、牙、蚌制品及大量的动物遗骸，呈现

■原始陶器

由旧石器文化向新石器文化过渡的面貌。

特别在两次发掘中均发现有稻谷遗存，这是探索稻作农业起源的时间、地点及水稻演化历史的难得实物资料。此外，火候很低，质地疏松，外表呈黑褐色的陶片，为我国最早的陶制品。

另外，在这里发掘出大量的螺壳化石，而且去掉了尾端，这说明在古代当地人就懂得吃螺了。

彭头山遗址处于长江流域，位于湖南北部澧县大坪乡孟坪村境内，其年代距今约9000年至7500年。它是我国南方最早的新石器时代遗址，也是史前文化的代表。

彭头山文化主要分布在洞庭湖西北的澧水流域，仅发现于澧县境内。被确认为属于彭头山文化的遗址有彭头山、八十垱、李家岗等10余处。

澧阳平原属于河湖冲积平原，是湖南境内最大的平原之一，是一个介于武陵山余脉与洞庭湖盆地之间的地带，它东连湖区，西北邻近山地，海拔不高。

彭头山古文化遗址位于澧阳中部，是一处高出四周的圆形岗丘，周围地势开阔平坦，西面和南面有澧水的支流涔河的小支流河段。

■古代骨器

　　彭头山文化为距今9100年至8200年，彭头山古文化遗址属新石器时代早期遗址，面积约1.5万平方米。遗址大致呈长方形，经研究发现，遗址有地面式、浅地穴式建筑遗迹和以小坑二次葬为主的墓葬18座。

　　彭头山文化遗址，城内分布着成排的房屋，其中有我国最早的高台建筑；城外有一圈壕沟环绕。这座城址可能是我国后来夯土城址的雏形。

　　彭头山文化堆积厚约1米，分七个文化层。发现了一批居住房址，遗物有新石器时代早期的打制石器和细小燧石器，以及夹炭红褐陶、夹砂红褐陶和泥质红陶。

　　彭山头遗址的几件陶器比较原始，制作工艺古朴简单，器坯均使用了原始的泥片贴塑法，胎厚而不匀。

　　彭头山文化遗址中大部分陶器的胎泥中夹有炭屑，一般呈红褐色或灰褐色。器类不多，主要是深腹罐与钵，普遍装饰粗乱的绳纹、刻划纹，器形有圆底罐、钵、盆。而且红陶已饰有太阳月亮纹。

　　彭头山遗址的石器由大型打制石器、细小燧石器、磨制石器三大部分组成，并以打制石器占绝对多数，既有大型砾石石器，也有黑色细小隧石器，另有少量石质装饰品。

　　大型打制石器制作粗糙，没有固定的形状，作用多是用来砍砸东西，型制有石核、砍砸器、穿孔盘状器、刮削器和石片石器等；细小燧石器也缺少正规的样式，功用应该是以切割和刮削为主，器形有石片和刮削器。

彭头山遗址石器中的磨制工具不仅数量极少，且种类单纯、体型偏小，常见一种既可以叫作斧又可以叫作锛的器形，双面刃。还有个别石杵和石棒，怀疑是食物加工工具。

在彭头山文化的晚期，磨制石器有了明显的进步，一是数量有所增加，二是出现了较大型的斧。

彭头山文化遗址骨木器发现的数量和种类都十分稀少，而且造型简单，制作加工粗糙原始。骨器有小型和大型斜刃锥形器，前者为掌上型工具，功用为采掘和开挖小洞坑；后者可以捆缚上木棒而构成复合工具，可用于取土或开沟。木器有钻、杵、耒等。

在彭头山文化遗址中，首次发现了超过9000年至8000多年的世界上已知最早的稻作农业资料，陶器泥料中也普遍发现稻作遗存，在体视显微镜下，可清楚地看到陶器胎壁中有大量的炭化稻谷谷粒和稻壳。将稻壳作为陶胎的主要掺和料之一，是彭头山文化陶器的一大明显特征。

广泛流传于洞庭等地的系列神话，暗示了生活在彭头山文化遗址的原住民三苗，率先发现野生稻并进行人工栽培。

从农业起源的角度看，它们都应是早期栽培稻，为确立长江中游地区在我国乃至世界稻作农业起源与发展中的历史地位奠定了基础。

这里从遗址边缘

■陶器文物

古河岸坡下含古生活垃圾的淤积土中发现了数以万计形态完好无损的稻谷和米粒，许多谷粒上还带有芒；另有莲藕、菱角、稻米。彭头山文化家畜遗存的发现并不是特别普遍，只发现有水牛的头骨。

除玉蟾洞和彭头山外，湖南还有8000年左右的澧县八十垱遗址，发现稻谷和大米2万多粒，是全世界史前稻作谷物发现最多的地方。

还有木耒、木铲和骨铲等农具以及木杵等加工工具，与《周易·系辞》"神农氏作，斫木为耜，揉木为耒，耒耨之利，以教天下"的传说记载完全暗合，和战国中期《尸子》说"神农氏七十世有天下"以及《续三皇本纪》载炎帝称帝"五百三十年"的时间也大体相当。

由此可见，神农氏族从陕甘迁入澧阳，形成了定居农业的基本经济形态，将稻作文化发展到了规模农业阶段。制陶工艺亦相当娴熟，以多种形式的釜和白陶，彩陶最具特色，其辐射光芒波及沅、湘和鄂西等周邻。湖湘文化从此更不断创新。

阅读链接

6500年前，澧县城头山古城和稻田的被发掘，证实了神农氏"日中为市"的传说记载。

澧县八十垱遗址发现一些台基式建筑，其中一座房基的中间主体部分高出地面约40厘米，四角向外伸出呈犄角状，平面呈海星状。这种礼仪中心遗址提示人们：澧县八十垱原是神农时代的中心所在。

第一代神农当是从这里出发南巡为民治病，因误尝断肠草而崩葬于长沙茶乡之尾。神农氏族因缔造农耕文明而被拥戴为中心氏族，其子孙也就受延揽而衍行四方。

最后一代炎帝榆罔部落因败于阪泉之战，叶落归根于其先祖的寝陵附近。这样，整个神农时代的湖湘文化因在神农中心氏族的心脏地区发展起来，也就浸透了神农氏族文化的精神。

湖湘文化融入炎黄文化

　　湖湘文化不仅源自数千年前，而且缘于炎黄文化和前炎帝神农文化。尽管炎帝与远古湖湘文明的渊源难以考证，但湖南却一直是最可信的神农故地，具有最浓厚的炎帝文化氛围。

　　早在976年，宋太祖就"立庙陵前"，1371年明洪武帝又"考君陵墓在此"，到清代乾隆年间祭道旁刻下"邑有圣陵"的石刻，湖南炎陵县鹿原陂作为始祖长眠之地的历史地位就更趋稳定。

■屈原《离骚》

张九龄 唐代开
元尚书丞相,诗
人。诗风清淡,
有《曲江集》。
是一位有胆识、
有远见的著名政
治家、文学家、
名相。他的五言
古诗,以素练质
朴的语言,寄托
深远的人生慨
望,对扫除唐初
所沿袭的六朝绮
靡诗风,贡献尤
大。誉为"岭南
第一人"。

从史记等资料记载可以看出,舜帝传说源自湖湘一带,史记记载舜帝"崩于苍梧之野,葬于江南九嶷",《山海经》记载了"湘水出,舜葬东南陬"。

屈原在楚国流放,留下不少千古绝唱,《离骚》《九歌》《湘夫人》这些是源自湖湘地域的民间传说,尤其是《湘夫人》,是源自当时"二妃寻夫"的传说。

公元前210年秦始皇到洞庭湖望祭,至718年,唐玄宗委派张九龄遣祭,再到世界舜裔宗亲联谊会在九嶷山拜祭,公祭舜帝大典在宁远县九嶷山举行,悠久的祭舜历史和繁多的舜陵祭文似乎已将"根在九嶷"的传说化作了无可争辩的史实。

随着时间的推移,黄帝氏族从黄河流域兴起,与炎帝氏族逐渐融合发展,形成炎黄联盟,成为古代我国最强盛的部落群。炎帝神农氏是这个联盟的奠基

■八卦墙壁雕刻

者，尔后黄帝取而代之，统一中原，拓展四方，炎黄集团从此进入国家产生前夜的酋邦时代。

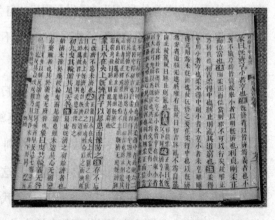

黄帝成为首任酋长，继续高举炎黄联盟大旗，将炎帝开创的原始文明推向新的历史阶段，从而奠定了一个世界上民族和人口最多，垂数千年稳定统一的文明古国的巩固基础。湖湘文化也就随之融合发展成了炎黄文化。

《周易·系辞》将炎黄文化的基本精神高度概括为"自强不息""厚德载物"，以喻兼有天和大地的品格。这个概括不仅体现为先贤的哲学理念，更主要的是体现在炎黄文化传统中持续作用着的基本精神，这就是勇于征服洪荒的艰苦创业精神，勤于科技发明的开拓创新精神，乐于为民造福的牺牲奉献精神，包容互补的民族大团结精神。

湖湘在北宋时期，有周敦颐的濂学、张载的关学、二程兄弟的洛学；到了南宋，又有了朱熹的闽学、胡氏父子及张栻的湘学、陆九渊的象山学等。

理学思潮的兴起，标志着一种更具有综合性的新儒学的文化形态出现，又由于文化重心南移和儒学地域化，必然使这种以儒家为核心、综合释道的文化形态在南方繁衍、发展。

湖湘文化与炎黄文化融合后，基本精神可以概括

《周易》 古哲学书籍，亦称易经，简称易，因周有周密、周遍、周流等意，相传为周人所做。是建立在阴阳二元论基础上对事物运行规律加以论证和描述的书籍，其对于天地万物进行归类，天干地支五行论。《周易》是我国传统思想文化中自然哲学与伦理实践的根源，亦是中华文明的源头活水。

为"淳朴重义""勇敢尚武""经世致用""自强不息"。

"淳朴",即敦厚雄浑、未加修饰、不受拘束的生猛活脱之性。"重义",即强烈的正义感和向群性。

"勇敢尚武",即临难不惧、视死如归的精神。二者融贯,构成了湖湘文化独特的强力特色,具有鲜明的英雄主义色彩。

"经世致用",即重视实践的务实精神,是实践理性与"天下兴亡,匹夫有责"的参与意识的集中体现,这一普遍性范畴一旦与英雄主义相结合,就成为一种"当今天下,舍我其谁"的"敢为天下先"的豪迈气概,给湖湘文化提供了明确的奋斗目标。

"自强不息"是"天行健"的宇宙精神的基本形态,而在湖湘文化中,则将它列为"人极"的范畴,视为文化的"极则"。这就赋予了湖湘文化独特的哲学依据。

正是由于这点,湖湘文化具有了"独立不羁,遁世不闷"的特殊品格。湖湘文化在长期的历史发展中,之所以能够成为一种独具特色的区域文化,就在于它具有博采众家的开放精神。

阅读链接

湖湘文化在宋代得到了极大的发展。宋代复兴儒学的思潮是一种自下而上的学术文化思潮,它不是通过中央或地方官学,主要是通过地方的书院来开展学术研究与传播。

一批批立志于重振儒家信仰、重建儒家知识体系的新儒家学者集聚于各个地域的不同书院中,潜心著述、授徒讲学。

于是,一个个具有各自学术传统、思想特色的地域学派就形成了。

先贤精魂

潇湘之地，山环水绕，古往今来，人文荟萃，湖湘人物人才遍及三湘四水、大江南北，人才之盛，称誉天下。

东汉蔡伦，造树肤、麻头及敝布、渔网以为纸，有功于华夏文化升降之迹，泽被后世。唐代欧阳询与怀素，书法独辟蹊径，成就楷书与草书之巅。宋代周敦颐，开创宋明理学。衡阳王船山，六经责我开生面，倡经世致用、实事求是之学，蔚为一代宗师。

明清湖湘文化一脉相传，英才豪杰辈出，以陶澍、魏源、左宗棠为代表，融合理学之坚定信仰和经世务实之作风，勇当天下之责，尽显前仆后继、不屈不挠之英勇斗争精神和无私无畏、锲而不舍之献身精神。

蔡伦造纸泽被后世

蔡伦画像

蔡伦，字敬仲，东汉桂阳郡，即湖南耒阳人。我国古代四大发明中造纸术的改造者。

他改造了造纸术，用树皮、渔网和竹子压制成纸。造纸术的发明彻底改写了后世我国乃至世界的历史，也使蔡伦屹立于古今中外的杰出人物之列。

公元61年，蔡伦出生于桂阳郡，他自小读书识字，并且成绩优异。

汉章帝刘炟即位后，常到各郡县挑选幼童入宫。公元75年，当时年仅15岁的蔡伦被选入洛阳宫内为太监，于公元76年任小黄门。此后做事倍加努力认真，因而又被提作黄门侍郎，掌管宫内外公事传达及引导诸王朝见、安排就座等事。

公元88年，汉章帝卒，10岁的刘肇登基为和帝，由窦太后听政。蔡伦因功被提拔为中常侍，随侍幼帝左右，参与国家机密大事，地位与九卿等同。

公元92年夏天，各地闹起了蝗灾，多个地方颗粒无收，灾情十分严重。年轻的和帝刚刚亲政，立志要效仿先帝，于是经常通宵达旦地批阅奏章处理国家大事，蔡伦一直伺候左右。

当时的奏章都是竹简所造，本来就十分笨重，灾害时竹简更是堆积如山，和帝的辛苦劳累蔡伦看在眼里，于是有一个念头在蔡伦心中萌发了出来：为什么奏章不用轻便的纸而用笨重的竹简呢？

各地蝗灾终于平息了下来，和帝却因此累倒了，虽然经过御医调理恢复了，但经过这次事件后蔡伦决心去探索纸的秘密。

当时可供书写的东西有竹简、缣帛、赫蹏纸和麻纸。竹简，制造简单、成本便宜，但是太笨重；缣帛，制造工艺复杂、耗费人工，成本太高，无法普及；赫蹏纸，它属于缣帛生产的附属品，虽便宜但数量有限；麻纸，原料为麻，工艺简单较为粗糙，一直

■ 造纸场景

中常侍 西汉时皇帝近臣，给事左右，职掌顾问应对。中常侍是仅有虚衔的加官，西汉前期只有常侍之名，或称常侍郎，为郎官之一，获此号者多为皇帝爱幸之臣；东汉时中常侍已非加官，而成为有具体职掌的官职。本无员数，明帝时定为四人，并改变西汉制度，多以宦者担任此职。

■ 造纸作坊

都是医生包裹中药的用纸。

于是蔡伦就想制造一种书写材料，使其能有竹简的成本，缣帛的洁白，赫蹏的轻便，麻纸的原料。蔡伦将自己的想法告诉了皇家织造坊的工匠们，众人像看怪物一样看着蔡伦，都认为他是痴人说梦！

但蔡伦还是心有不甘，于是他就利用休息的时间走访民间。

103年，京师洛阳一连下了半月的大雨，大雨刚过蔡伦就去民间探访，这一次他来到了洛阳城外的洛河附近的侯式镇，向当地的工匠讨教一些技艺。

蔡伦在路过洛河边的时候，有好几棵大树腐烂倒地，树上还缠绕着一些破渔网，而在这些破树上，蔡伦惊奇地发现了一层与赫蹏很相似的东西。

蔡伦拿着这种东西向当地的村民求教。当地的村

缣帛 我国古代以丝织品为记录知识的载体，一般称为帛书，也有人称为缯书；因其色白，故又称之为素书。缣帛柔软轻便，幅面宽广，宜于画图，这些都是简牍所不具备的优点。但其价昂贵，而且一经书写，不便更改，一般只用为定本，所以缣帛始终未能取代简牍作为记录知识的主要载体。

民告诉他，这三年来，京师年年下大雨导致洛河水位上升，河边的一些树全部浸泡在河水里腐烂，过几个月树上就会自然形成这种东西。

难道这是树皮形成的东西？蔡伦忽然意识到这也许就是他苦苦寻找了数年的东西！

于是蔡伦就在洛河边搭建了一个临时的作坊，用树皮开始了他的实验。为了模拟树皮腐烂的方式，蔡伦在洛河边上修了一个小池子引入洛河之水，将树皮投入池中浸泡；为了模拟树皮日晒雨淋的方式，他又将树皮放在太阳地下暴晒，经过这两道工序后树皮变脆弱，然后用石臼将树皮捣成浆……

一步步的发现使蔡伦欣喜万分，然而他并没有因此而沾沾自喜，因为蔡伦发现这种纸里面有一些细小的杂质存在，用手在纸上抚摸有明显凹凸感。

如何去掉这种杂质呢？蔡伦忽然想起了制剑时

洛河 古称雒水、洛水，是流经古都洛阳的一条著名河流，也是我国文化史上的一条著名河流。相传，洛河里生活着洛神。洛河是我国原始农业起源最早地区之一。洛河与黄河汇合的河洛地区，是中华文明和中华民族的重要发源地。

■ 造纸作坊

■ 蔡伦造纸浮雕

淬火的工艺，蒸煮！于是蔡伦在造纸的流程中首创了蒸煮的方法，这一次所造出的纸让蔡伦欣喜若狂，这种纸不但成本低，而且洁白、轻便，原料普遍。

看着自己多年的追寻终于有了成果，蔡伦激动万分。激动之余蔡伦又想，麻的材料也很普遍，自己的造纸工艺能否改良成用粗糙的麻呢？

一天蔡伦经过河边，看到妇女洗蚕丝和抽蚕丝的"漂絮"过程。他发现，好的蚕丝拿走后，剩下的破乱蚕丝，会在席上形成薄薄的一层，而这一层晒干后，可用来糊窗户、包东西，也可以用来写字。

这给了蔡伦很大的启示。于是蔡伦又开始找来了破麻衣和破渔网进行实验，最后发现用麻所做的纸虽然不如用树皮的洁白，有些微黄，但是比起原来的麻纸几乎是天壤之别！于是蔡伦将自己的造纸工艺流程记录成册。

105年，蔡伦将造纸过程、方法写成奏章，连同造出来的植物纤维纸，呈报汉和帝，和帝大加赞赏，蔡伦造纸术很快传开。人们把这种纸称为"蔡侯纸"。

正当蔡伦准备将造纸术向全国推广的时候，由于过度操劳国事，年仅27岁的和帝死了。和帝无子，所以邓太后在安帝继位后开始垂帘听政。

114年，安帝封蔡伦为龙亭侯。蔡伦为人敦厚谨慎，关心国家利益，曾"数犯严颜"，匡弼时政。勤奋好学，办事专心尽力。

多年的政治生涯已经让蔡伦十分疲惫，于是他继承先帝遗志开始推广造纸术，他向自己的家乡传授了全部的造纸术，由于纸的成本低廉，开始逐步推广开来。

118年至119年，蔡伦又被提升为长乐太仆，相当于大千秋，成为邓太后的首席近侍官，受到满朝文武的奉承。他的权位处于了顶峰。

蔡伦一生在内廷为官，先后侍奉4个幼帝，节节上升，身居列侯，位尊九卿，他在兼管尚方时，推动了手工业工艺的发展，被称为东汉时期的科学家。因而留名后世，得到史学家的首肯。

阅读链接

蔡伦对工艺技术最突出的贡献主要在造纸方面，大致可从三个角度来评述：

第一，组织并推广高级麻纸的生产和精工细作，促进造纸术的发展。第二，促进皮纸生产在东汉创始并发展兴旺。第三，因受命于邓太后监典内廷所藏经传的校订和抄写工作形成了大规模用纸高潮，使纸本书籍成为传播文化的最有力工具。

指南针、造纸术、印刷术、火药是我国古代科学技术的"四大发明"，是中华民族对世界文明做出的一项十分宝贵的贡献，大大促进了世界科学文化的传播和交流，深刻地影响着世界历史的进程。

欧阳询一门出两楷圣

■唐代书法家欧阳询雕像

　　欧阳询，字信本，唐代潭州临湘，即湖南长沙人，史上著名楷书四大家之一，代表作楷书有《九成宫醴泉铭》《皇甫诞碑》《化度寺碑》《兰亭记》，行书有《行书千字文》。对书法有其独到的见解，有书法"八诀"。

　　557年，欧阳询出生于衡州，祖父欧阳颁曾为南梁直阁将军，父欧阳纥曾任南陈广州刺史和左卫将军等职。欧阳询年幼丧父，被父亲好友收养。

　　他聪敏勤学，读书数行同尽，少年时就博览古今，精通《史记》

唐 欧阳询

《汉书》和《东观汉记》三史，尤其笃好书法，几乎达到痴迷的程度。

■ 欧阳询书法

欧阳询练习书法最初仿效王羲之，只要看见王羲之父子的墨迹就买回来学习研究。

一天，他看到一本王羲之传授王献之的《指归图》，不惜花了很多钱买了回来，放在家里天天观赏研究，常常高兴得整夜睡不着觉。他整整学习研究了一个月，直到他懂得《指归图》的精髓为止。

欧阳询有一次出使归来，骑马路过一处荒郊野外，在乱草丛中发现西晋书法家索靖书写的一块石碑，下马坐在碑前仔细观看，体会索靖草书的妙处。

当晚，他回到了住处，彻夜难眠，想着白天看到的石碑。第二天，天一亮，他又骑马赶到石碑前，反复揣摩，并铺开纸，一笔一画地临摹。就这样，他在碑旁待了三天三夜，直到索靖草书的笔法融会贯通，了然于胸，才高兴地离去。

后来，欧阳询终于独辟蹊径自成一家。尤其是他的正楷骨气劲峭，法度严整，被后代书家奉为圭臬，

王羲之 东晋时期著名书法家，有"书圣"之称。其书法兼善隶、草、楷、行各体，精研体势，心摹手追，广采众长，备精诸体，冶于一炉，摆脱了汉魏笔风，自成一家，影响深远。在书法史上，他与其子王献之合称为"二王"。

以"欧体"之称传世。

唐代书法品评著作《书断》称：

> 询八体尽能，笔力劲险。篆体尤精，飞白冠绝，峻于古人，扰龙蛇战斗之象，云雾轻笼之势，几旋雷激，操举若神。真行之书，出于太令，别成一体，森森焉若武库矛戟，风神严于智永，润色寡于虞世南。其草书迭荡流通，视之二王，可为动色；然惊其跳骏，不避危险，伤于清之致。

宋《宣和书谱》也称誉欧阳询的正楷为"翰墨之冠"。

据史书记载，欧阳询的形貌很丑陋，但他的书法却誉满天下，人们都争着想得到他亲笔书写的尺牍文字，一旦得到就视作瑰宝，作为自己习字的范本。

唐武德年间，高丽国特地派使者来长安求取欧阳询的书法。唐高祖李渊感叹地说："没想到欧阳询的名声竟大到连远方的夷狄都知道。他们看到欧阳询的笔迹，一定以为他是位形貌魁梧的人物吧！"

欧阳询不仅是一代书法大家，还是一位书法理论家，他在长期的书法实践中总结出练书习字的八诀：

> 如高峰之坠石，如长空之新月，如千里之阵云，如万岁之枯藤，如劲松倒折，如落挂之石崖，如万钧之弩发，如利剑断犀角，如一波之过笔。

欧阳询所撰《传授诀》《用笔论》《八诀》《三十六法》等都是他自己学书的经验总结，比较具体地总结了书法用笔、结体、章法等书法形式技巧和美学要求，是我国书法理论的珍贵遗产。

楷书《皇甫诞碑》全称《隋柱国左光禄大夫宏议明公皇甫府君之碑》，也称《皇甫君碑》，是欧阳询年轻时的作品，无立碑年月，后来该碑一直藏于唐都长安。

魏徵 唐代政治家，曾任谏议大夫、左光禄大夫，封郑国公，以直谏敢言著称，是我国史上最负盛名的谏臣，享有崇高的声誉。著有《隋书》序论，《梁书》《陈书》《齐书》的总论等。其言论多见于《贞观政要》。

■ 唐代欧阳询行书《千字文》

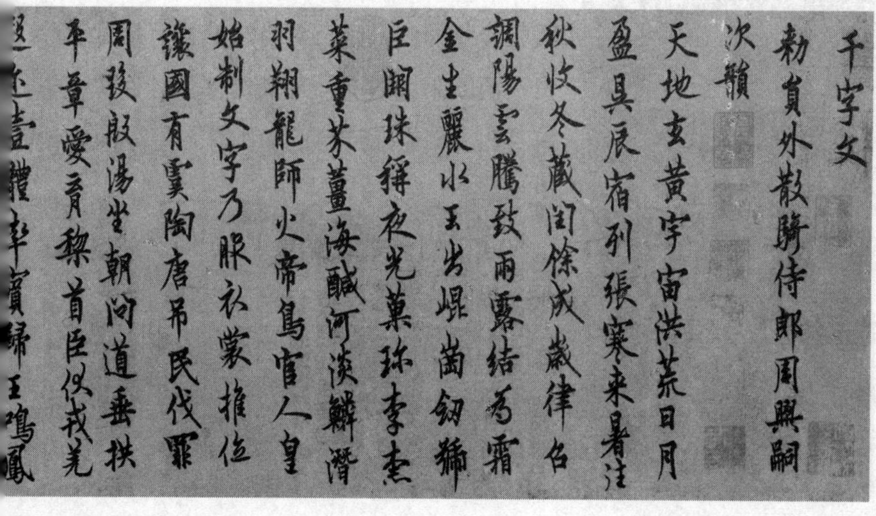

淳朴湖湘

湖湘文化特色与形态

临欧阳询帖

欧阳询书法碑刻楷书代表作是《九成宫醴泉铭》，由魏徵撰文，623年立碑。书法严谨峭劲，不取姿媚之态。

楷书碑刻《虞恭公碑》全称《唐故特进尚书右仆射上柱国虞恭公温公碑》，也称《温彦博碑》，书此碑文时，欧阳询已经80高龄了。637年立碑。另外还有《化度寺塔铭》全称《化度寺故僧邕禅师舍利塔铭》。

除碑刻外，欧阳询《张翰思鲈帖》，纵25.5厘米 横33厘米。此帖也称《季鹰帖》，是欧阳询为张翰写的小传，属于行楷，共十行，每行9至11字。字体修长严谨，笔力刚劲挺拔，风格平正中见险峻之势，是欧书中的精品。

此帖后有宋徽宗赵佶题签一则，曾经藏于北宋宣和内府、南宋内府、清内府，见著录于《宣和书谱》《墨缘汇观》《大观录》。清乾隆年间刻入《三希堂法帖》，足见其珍贵。而欧阳询的《仲尼梦奠帖》号称"中华第一楷书"，历代列为中华十大传世名帖之一。

欧阳询《卜商帖》，纸本，高25.2厘米，横16.5厘米，行书六行，共53字。上有宣和内府诸印和一瘦金体题跋："晚年笔力益刚劲，有执法廷争之风，孤峰崛起，四面削成，非虚誉也。"

卜商是孔子弟子，字子夏，春秋时卫国人。他师事孔子，师生间常有议论问答，极富哲理。

《卜商帖》用墨浓重，行气淹贯，下笔锋利如斩钉截铁。欧阳询楷书中的瘦劲典雅，在这里转化为锋锐的笔痕，似乎还残留着北派书法中的方劲笔法。但是墨气却极为鲜润，笔画饱满丰腴，起笔简洁而少婉约之势，是与当时流行的王羲之或王献之书风大不一样的。正如清人吴升《大观录》跋："笔力峭劲，墨气鲜润。"

此帖宋代藏于宋徽宗宣和御府，清代归安岐所有，后来成为乾隆皇帝御府的珍品，辑入《法书大观》册中。

欧阳通，字师通。是欧阳询的第四个儿子，在他很小的时候，父亲去世了，母亲徐氏教导他一定要学习继承父亲的书法。她怕儿子懒惰，不肯学书法，就时常给些钱让欧阳通去购买父亲遗留下来的墨迹，欧阳通买了这些墨迹后，就好像得到宝贝一样，刻苦地学习、临摹，下决心使自己的字也能像父亲一样有人购买收藏。

经过很多年的刻苦学习，欧阳通果然继承了父亲的书法，人们称他们父子二人的字为"大小欧阳体"。

阅读链接

欧阳询不仅仅是以书法著名，在文献学领域的成就是主编了类书《艺文类聚》。

太宗时，官至太子率更令，任弘文馆学士，封渤海男。工书法，自成面目，人称"欧体"，对后世影响很大。

与裴矩、陈叔达等主编《艺文类聚》100卷，是我国最早的类书之一。隋以前遗文秘籍，十有九不存，此书根据1400余种唐以前的古籍，分门别类摘录汇编而成，分为46部，每部再分细目，每类事实居前，诗文列后，其中引证的古籍，多已失传，赖此书保证了不少珍贵资料。

怀素清灯佛门悟狂草

怀素雕塑

怀素，唐时永州零陵人。幼年好佛，出家为僧。他是书法史上领一代风骚的草书家，他的草书称为"狂草"，用笔圆劲有力，使转如环，奔放流畅，一气呵成，与唐代另一草书家张旭齐名，人称"张颠素狂"或"颠张醉素"。他的代表作《自序帖》可谓草书史上的典范之作。

怀素生于737年（一说725年），他从小入庙出家，可他始终坚持了对书法的爱好，他书法成就的取得，是他长期坚持不懈地练习的结果。

僧人本职是事佛、坐禅念经，要练字，就要把分分秒秒的休息时间占满。这一点，怀素完全做到了。练字还需文房四宝俱全。寺庙中的生活本来就是清苦的，买笔买墨就得不少钱，还哪有钱去购买砚台、纸张呢？

可这并未难住怀素。他想方设法自制了代用品。先是找来一个木盘和一块木板，涂上漆，当作砚台和练字板。天天磨墨，天天写，墨干了再磨，磨完再写；写完就擦，擦净再写。日复一日，年复一年，硬是把木盘磨漏了，木板擦穿了。

■ 怀素《苦笋帖》

后来，怀素觉得漆板光滑，不易着墨，就又在寺院附近的一块荒地，种植了1万多棵的芭蕉树。芭蕉长大后，他摘下芭叶，铺在桌上，临帖挥毫。

由于怀素没日没夜地练字，老芭蕉叶剥光了，小叶又舍不得摘，于是想了个办法，干脆带了笔墨站在芭蕉树前，对着鲜叶书写，就算太阳照得他如煎似熬；刺骨的北风冻得他手肤逬裂，他还是在所不顾，继续坚持不懈地练字。他写完一处，再写另一处，从未间断。这就是有名的怀素"芭蕉练字"。

练字离不开笔，怀素对笔十分爱护，每写完字都把它洗得干干净净。他没有盛水器皿，便就地取材，到屋外的一个小石头池子里洗笔，拿它当了"笔洗"。日久天长，池子里的水全都变成了黑水，人们就叫它"墨池"了。

文房四宝 我国独有的文书工具，即笔、墨、纸、砚。文房四宝之名，起源于南北朝时期。历史上，"文房四宝"所指之物屡有变化。在南唐时，"文房四宝"特指诸葛笔、徽州李廷圭墨、澄心堂纸、婺源龙尾砚。自宋朝以来"文房四宝"则特指湖笔、徽墨、宣纸、端砚和歙砚。

怀素就是这样勤习苦练，终于练就一手用笔盘旋、狂放，变化繁多而又挥洒自如的狂草，由一个爱写字的小和尚成为一名值得效法、赞颂的书法大师。

759年，怀素22岁。这年李白已59岁，在巫峡遇赦后，从夜郎乘舟回江陵。在南游洞庭潇湘一带时，被怀素找到求诗。两人虽是忘年交，李白精神十分振奋，当即写了一首《草书歌行》赞扬怀素：

少年上人号怀素，草书天下称独步。
墨池飞出北溟鱼，笔锋杀尽中山兔。
八月九月天气凉，酒徒词客满高堂。
笺麻素绢排数厢，宣州石砚墨色光。
吾师醉后倚绳床，须臾扫尽数千张。
飘风骤雨惊飒飒，落花飞雪何茫茫。
起来向壁不停手，一行数字大如斗。
恍恍如闻神鬼惊，时时只见龙蛇走。
左盘右蹙如惊电，状同楚汉相攻战。
湖南七郡凡几家，家家屏障书题遍。
王逸少，张伯英，古来几许浪得名。

淳朴湖湘

湖湘文化特色与形态

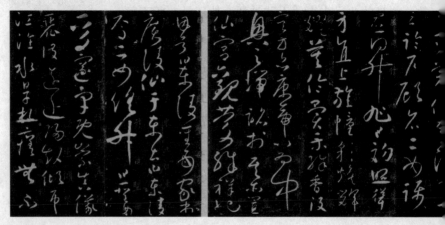

张颠老死不足数，我师此义不师古。

古来万事贵天生，何必要公孙大娘浑脱舞。

762年，怀素25岁。他由零陵出发，作万里之行，求师访友，向当代名家探求笔法，经衡阳、客潭州。于767年，南下到广州向徐浩学笔法。诗人苏涣在长沙遇见了怀素。当时正是徐浩去广州任刺史，怀素要苏涣题诗，苏涣就写了《赠零陵僧》：

张颠没在二十年，谓言草圣无人传。

零陵沙门继其后，新书大字大如斗。

兴来走笔如旋风，醉后耳热心更凶。

忽如裴旻舞双剑，七星错落缠蛟龙。

又如吴生画鬼神，魑魅魍魉惊本身。

钩锁相连势不绝，倔强毒蛇争屈铁。

西河舞剑气凌云，孤篷自振唯有君。

今日华堂看洒落，四座喧呼叹佳作。

回首邀余赋一章，欲令羡价齐钟张。

琅诵口句三百字，何似醉僧颠覆狂！

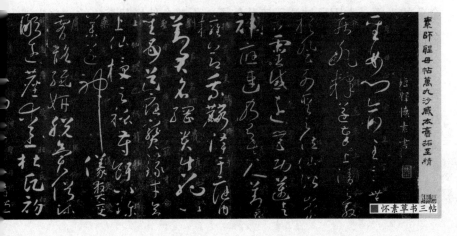

■ 怀素草书三帖

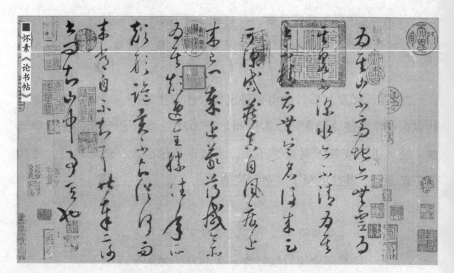

忽然告我游南溟，言祈亚相求大名。

亚相书翰凌献之，见君绝意必深知。

南中纸价当日贵，只恐贪泉成墨池。

　　诗中称赞怀素是"草圣"张旭之后唯一继承人，称赞徐浩书法几乎凌驾于王献之之上，如果怀素得到徐的赏识，定会"洛阳纸贵"。

　　怀素应礼部尚书张谓邀请去京城长安。有一天，怀素看见几块浮云，像棉花团似的一朵朵分散着，映照着温和阳光，云块的四周射出金色的光辉，太阳已被浮云遮蔽住了，不禁令他忆起李白的"总为浮云能蔽日，长安不见使人愁"诗句。

　　一会儿这些积云又消散了，它们又成为扁球状云块，云块间露出碧蓝色天幕，远远望去这些白云就像草原上雪白羊群，一会儿像奔马，一会儿像雄狮，像大鹏，还有的像奇峰。忽然乌云密布，雷电齐鸣，风雨大作。

　　怀素恍然想起一个"悟"字，我何尝不可把这些夏云随风的变化运用于狂草之中呢！从此怀素的狂草，有了一个飞跃，冲破了王羲之、王献之受章草影响束缚，创造性形成了他自己独特的狂草风貌。

怀素40岁至京兆，向颜真卿求教笔法，并请作序以"冠诸篇首"。颜真卿见到怀素后，就把"十二笔意"即"平谓横、直谓纵、均谓间、密谓际"等传授给怀素。又问怀素道："你的草书除了老师传授外，自己有否获得感受？"

怀素道："贫僧有一天傍晚，曾长时间观察夏云姿态。我发现云随着风势而变化莫测，或如奇峰突起，或如蛟龙翻腾，或如飞鸟出林，惊蛇入草，或如大鹏展翅，平原走马，不胜枚举，美妙无穷。"

颜真卿说："你'夏云多奇峰'的体会，使我闻所未闻，增加我的广识，'草圣'的渊妙，代不乏人，有你在，后继有人了。"

怀素晚年在四川成都宝园寺度过。贯休诗："师不谈经不说禅。"《唐释怀素食鱼帖》后李璜说怀素既食肉又食鱼。《金壶记》说他是"一日九醉"。大概醉翁之意不在酒，"狂僧不为酒，狂笔自通天"，他志在"狂草"而已。

怀素留下的草书有：《四十二章经》《千字文》《自叙帖》《苦笋帖》《圣母帖》《论书帖》《去夏帖》《贫道帖》《逐鹿帖》《酒狂帖》《食鱼帖》《客舍帖》《别本六帖》《藏真帖》《七帖》《高座帖》《北亭草笔》等。

阅读链接

怀素作为僧人，对佛学也很有研究，他还懂梵文。有位昙元德尊，从《律藏》中选编了一部《四分律》。相州日光寺有个叫法砺的法师也研究《四分律》，著有《四分律疏》。

有一天，他听了怀素对《四分律》的解释，大为吃惊，感叹道："我研习这书三年了，古人的义章错误实在太多，解释的任务要落在你的肩上！"从此怀素编撰《四分律开宗记》。

周敦颐首开宋明理学

周敦颐，宋代营道楼田堡，即湖南道县人，北宋著名哲学家，宋明理学开山鼻祖。

■周敦颐画像

"两汉而下，儒学几至大坏。千有余载，至宋中叶，周敦颐出于舂陵，乃得圣贤不传之学，作《太极图说》《通书》，推明阴阳五行之理，明于天而性于人者，了若指掌。"《宋史·道学传》将周子创立理学学派提高到了极高的地位。

周敦颐生于1017年，从小喜爱读书，在家乡道州营道地方颇有名气，人们都说他"志

■ 周敦颐故居

趣高远，博学力行，有古人之风"。

由于周敦颐大量广泛地阅读，接触到许多不同种类的思想。从先秦时代的诸子百家，一直到汉代才传入我国的佛家，他都有所涉猎，这为他而后精研我国古代奇书《易经》创立先天宇宙论思想奠定了基础。

1031年，周敦颐15岁，其父病逝三年后，他与同母异父之兄卢敦文随母投靠衡阳舅父郑向，郑向是宋仁宗朝中的龙图阁大学士。这位舅父对周敦颐母子十分眷顾。

1037年，郑向调任两浙转运使疏蒜山漕河，周敦颐同母随迁润州丹徒县。因他聪慧仁孝，深得郑向喜爱，又酷爱白莲，郑向就在自家宅前西湖凤凰山下构亭植莲，周敦颐负笈其间参经悟道。盛夏之夜，莲花怒放，香气袭人，美不胜收。

周敦颐常常漫步于西湖塘畔，在欣赏美景的同时

宋仁宗 （1010年—1063年），我国北宋的第四代皇帝。初名受益，1018年立为皇太子，赐名赵祯，1022年即帝位，时年13岁。1063年驾崩，享年54岁。在位41年。其陵墓为永昭陵。谥号体天法道极功全德神文圣武睿哲明孝皇帝。

包公 即包拯，累迁监察御史，建议练兵选将、充实边备。后改知谏院，多次论劾权幸大臣，授龙图阁直学士。因不畏权贵，不徇私情，清正廉洁，其事迹被后人改编为小说、戏剧，令其清官包公形象及包青天的故事家喻户晓，历久不衰。

思考人生。不仅如此，莲花香、净、柔、软、不可染的德性，也影响了周敦颐，陶冶了周敦颐的思想情操，为传颂后世的《爱莲说》之诞生奠定了基础。

在周敦颐20岁时，舅父向皇帝保奏，为他谋到了一个监主簿的职位。

周敦颐在任职期间尽心竭力，深得民心，是一位非常能干并且有一定政绩的官吏，当时以他明察秋毫，坚持原则、不媚权贵、明断狱案而闻名朝野。他政与学凸现，世人将他和包公并列，是廉官的代表。

周敦颐酷爱雅丽端庄、清幽玉洁的莲花，曾于知南康军时，在府署东侧挖池种莲，名为爱莲池，池宽10余丈，中间有一石台，台上有六角亭，两侧有"之"字桥。他盛夏常漫步池畔，欣赏着缕缕清香、随风飘逸的莲花，口诵《爱莲说》。

在《爱莲说》中，周敦颐先写了陶渊明爱菊和世人盛爱牡丹的情况，作为一正一反的衬托，然后才

■ 爱莲湖牌坊

■ 爱莲池

从容不迫地说出自己喜爱莲花的原因，"出淤泥而不染"这一段是脍炙人口的片断，句句说的都是莲花，而同时句句又都是在说君子的道德品行。

接下来，周敦颐分别把菊、牡丹和莲花称为花中的"隐逸者""富贵者"和"君子"，以比喻的方式，巧妙地把借花喻人的用意点了出来，赞颂了像莲花那样的君子的高尚志节。

在生活中，周敦颐开始研究《周易》，后来终于写出了他的重要著作《太极图·易说》，提出了一个宇宙生成论的体系：

> 无极而太极。太极动而生阳，动极而静，静而生阴，静极复动。一动一静，互为其根。分阴分阳，两仪立焉。……圣人定之以中正仁义而主静，立人极焉。……故曰："立天之道，曰阴与阳。立地之道，曰柔与

太极图 据说是宋朝道士陈抟所传出，原叫《无极图》。据史书记载，陈抟曾将《先天图》《太极图》以及《河图》《洛书》传给其学生种放，种放以之分别传穆修、李溉等人，后来穆修将《太极图》传给周敦颐。周敦颐写了《太极图说》加以解释。后世看到的太极图，就是周敦颐所传的。

刚。立人之道，曰仁与义"。又曰："原始反终，故知死生
之说"。大哉易也，斯之至矣。

周敦颐上承孔孟，下起程朱。吸收佛、道思想而形成自己的理学
体系，宣扬其"无极而太极"的宇宙论和主静、顺理、诚心、无欲的
人生观，从此也成为北宋理学的创始人。《宋元公案》中对于周敦颐
的地位有这样的论述：

> 孔孟而后，汉儒止有传经之学。性道微言之绝久矣。元
> 公崛起，二程嗣之，又复横渠清大儒辈出，圣学大昌。

这里所称的元公，就是周敦颐，元公是他的谥号。这段话明确了
周敦颐作为北宋理学开山之祖的地位，他常常和高僧、道人游山玩
水，弹琴吟诗。

我国哲学思想史上，宋明理学占有极其重要的地位。宋明理学以
孔孟之道的儒学为主干，还多方吸收了道家、佛家的思想精华，逐渐

■濂溪书院建筑

成为我国社会中占统治地位的哲学思想。

周敦颐的学问和气度，也感召过许多人来追随他。其中最著名的，就是程颢、程颐两兄弟。

后来，周敦颐移居江西九江南北庐山莲花峰下，门前有一溪，因溪水美好，他以濂溪为号自称。

后经南宋大文人朱熹一再宣扬其人，于是后人就以濂溪称呼周敦颐。他还在溪上筑濂溪书院讲理学。

濂溪书院在我国书院史、教育史、哲学史上，有着不容忽视的重要地位，在理学发展史上，更处于其他书院无法比拟的核心、灵魂和渊源的显赫位置。

历史上到九江濂溪书院求学、游学、拜谒、寻访者，可谓连绵不断。许多名人诸如黄庭坚、苏轼、"二程"、朱熹、王守仁等，都曾在此驻有足迹。

1056年，皇帝御笔钦点，任命周敦颐为合州通判。那时，合州虽然已有一万多户人家，却没有一所全州学府，读书人不多。周敦颐决定把州学办起来，改变合州文化落后的状况。

合州城外嘉陵江东岸有一座山，名叫学士山，地处嘉、涪、渠三江汇合处。由山顶往下望去，江水悠

■濂溪祠

黄庭坚 北宋诗人、词人、书法家，为盛极一时的江西诗派开山之祖，而且，他跟杜甫、陈师道和陈与义素有"一祖三宗"之称。诗歌方面，他与苏轼并称为"苏黄"；书法方面，他则与苏轼、米芾、蔡襄并称为"宋代四大家"。

淳朴湖湘

湖湘文化特色与形态

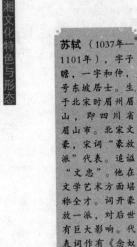

■ 周敦颐祠堂牌坊

苏轼 (1037年—1101年)，字子瞻，一字和仲，号东坡居士。生于北宋时眉州眉山，即四川省眉山市。北宋文豪，宋词"豪放派"代表。追谥"文忠"。他在文学艺术方面堪称全才。词开豪放一派，对后世有巨大影响。代表词作有《念奴娇·赤壁怀古》和《水调歌头·丙辰中秋》等，传诵甚广。诗文有《东坡全集》等。

悠，白帆点点，风景美丽得很。周敦颐心想：这真是个读书的好地方啊，要是能把州学办在这里就好了。

周敦颐向人们一打听，原来这是合州大乡绅张宗范的私家花园。他决定登门拜访，与张宗范共商州学之事。张宗范十分崇敬周敦颐的学识人品，爽快地答应了他的请求，把整座花园无偿捐献了出来。

州学办起来后，周敦颐邀请张宗范主持学政，广招学生千余人，不论贫穷富贵，只要天资聪慧，都一一收录。他又遍请天下文人学士前来讲学，大文学家苏洵、苏轼、苏辙等都曾应邀前来。

于是，合州学子读书蔚然成风，人才辈出，每年都要出一两个进士，合州州学的名声大振。张宗范也由地方乡绅一下变成了开明士绅，成为了北宋乡绅的楷模。

他感到十分自豪，请来能工巧匠，在山顶修筑了一座八角亭，本想请周敦颐题写匾额"八角亭"，周敦颐却挥毫手书了"养心亭"三字，写毕，意味深长地解释："人，贵在养心也。"

周敦颐任合州通判五年，政绩卓著。后来，不管他走到哪里，他都惦记着合州州学，惦记着养心亭，还曾作了一篇《养心亭记》寄给张宗范刻于亭内。

1073年，周敦颐去世后，宋徽宗封为宣奉大夫，谥元，故称元公。1241年宋理宗封汝南伯，元朝仁宗于1319年封道国公，历朝入祀孔庙。

南宋魏了翁出使川东时，在合州建濂溪祠纪念周敦颐。1531年，御史邱道隆在合州南津街建濂溪书院，可以看出濂溪先生及其濂学的流韵对合州博大深远的影响力。

宋末衡阳对周敦颐的纪念性建筑还有一院四祠，即西湖书院、西湖北岸濂溪祠、凤凰山濂溪祠、潇湘门内濂溪祠、石鼓濂溪祠，以上并非家祠，是属国家官设祭祀周子和教学合一的纪念地。

阅读链接

周敦颐以他的实际行动，成就了一代大儒的风范，他的人品和思想，千百年来一直为人们敬仰。

周敦颐去世后，随着程颢、程颐对他的哲学的继承和发展，他的名声也逐渐显扬。南宋时许多地方开始建立周敦颐的祠堂，人们甚至把他推崇到与孔孟相当的地位，认为他"其功盖在孔孟之间矣"，尊为人伦师表。

濂溪书院位于九江县城西郊桂枝岭麓，1804年为纪念县令宋理学家周敦颐而建。书院为仿宋四合院式建筑，砖木结构，占地面积3050平方米，有大小房屋30多间，布局合理，错落有致。整个书院前临秀溪，后倚青山，松涛白云，流水锵然。

胡安国创立湖湘学派

　　胡安国，后世称胡文定公。南宋时期的著名经学家和湖湘学派的创始人之一。胡安国早年拜程颢、程颐弟子杨时为师，研究性命之学。入太学时，又从程颐之友朱长文、靳裁之，得程学真传。

胡安国画像

　　胡安国的治学理念上承二程，下接谢良佐、杨时、游酢，在理学发展史上居于承上启下的地位。胡安国对于心、理、性等理学范畴的研究虽尚未形成规范的理论体系，但其以心为本、心与理一的思想却对后学产生了重要影响。

　　胡安国生于1074年，15岁到州学就读。一天，一个

■ 碧泉书院

戏班子在州学前演出，州学学生都弃学外出看热闹，仅剩胡安国一人还留在书斋中诵读，州学教授发现后非常感动，赏赠他纸笔佳砚。

两年后，胡安国进入太学学习，这段时间他接受了程颐、程颢学说，成为理学的坚定信奉者，极力推崇二程是孔孟之道的直接继承人。

1097年，胡安国进士及第，踏入仕途，先徙居潭州城南，提举湖南学士，在官六年。之后还任过中书舍人等职。

由于仕途坎坷，他在晚年干脆辞职退隐，致力于学术研究。1123年始撰《春秋传》。北宋末年，黄河流域战争频繁，中原士人纷纷南下，给长江流域的文化兴盛创造了机遇。胡安国也于南宋建炎年间，抵湘潭，至碧泉定居，遂落籍湘潭。

胡安国在潭州湘潭建碧泉书院，"前后居潭三十

太学 我国古代的大学。太学之名始于西周。汉代始设于京师。汉武帝时，董仲舒上"天人三策"，提出"愿陛下兴太学，置明师，以养天下之士"的建议。魏晋至明清或设太学，或设国子学、国子监，或同时设立，均为传授儒家经典的最高学府。

■ 碧泉书院建筑

君子 特指有学
问有修养的人。
"君子"一词出
自《易经》,被
全面引用最后上
升到士大夫及读
书人的道德品质
始自孔子,并被
以后的儒家学派
不断完善,成为
中国人的道德典
范。"君子"是
孔子的人格理
想。君子以行
仁、行义为己
任。《论语》一
书,所论最多
的,均是关于君
子的论述。

余载"。著书讲学,从游弟子数十人,潜心续撰《春秋传》。胡安国志在经世济民,感于时事,往往借《春秋》寓意,不拘章句训诂,成为宋代理学家以义理治《春秋》的代表作。

然后,胡安国又在衡山山麓办文定书院,以讲学撰述为业,除自己的子侄胡寅、胡宏、胡宪等外,还吸引了众多湖湘士子前来就学。其中仅长沙人就有治《春秋》和《资治通鉴》的谭知礼,以孝友信义著称的黎明等,从而开始奠定了一个在我国古代学术史上具有特殊地位的理学派别,就是著名的湖湘学派。

胡安国认为自己的学问主要来自二程,以二程的弟子自居,并请朱熹来长沙会讲,此后湖南士人一直与朱熹保持着密切的学术联系。宋代的许多理学家都有空谈心性,不究实用的倾向。

湖湘学派却自创立之初就反对"腐儒"学风,主张"通晓时务","留心经济"。

胡安国提倡实际生产劳作，提倡学者不妨锄锄地种种菜；认为君子之学，最重要的就是一"实"字，除经史之外，还必须致力于兵、农等经世实学，在他自己的著作中对这类知识就多有涉及。

在知行关系上，湖湘学派阐述"知行互发"，特别注重"行"的作用，强调实践，认为"知之非艰，行之惟艰。"因为湖湘学派重视务实，所以后人评价他们都是有用之才，而非"迂谈道学者"。

湖湘学派还有一个显著特点，就是不存门户之见，抱兼容并蓄态度，对与程朱理学不同的陆九渊心学派、陈亮事功学派并不一概否定，而是互为取舍。如胡安国等人提出的"性，天下之大本也"的性本体论体系，就兼容了二程的理本论与陆九渊的心本论。

1138年《春秋传》书成，共计30卷，进呈朝廷。宋高宗赞他"深得圣人之旨"，诏加宝文阁直学士。同年四月春，胡安国在湖南逝世，葬隐山，朝廷破格赐谥文定。

胡安国去世后，他的学生许多改从朱熹。朱熹在就任湖南安抚使期间，又致力于振兴岳麓书院，经常和生徒讲论问答。

于是，程朱理学在湖湘占据

陆九渊 （1139年—1193年），号象山，字子静，书斋名"存"，世人称存斋先生，因其曾在贵溪龙虎山建芽舍聚徒讲学，也因其山形如象，自号象山翁，世称象山先生、陆象山。是著名的理学家和教育家，是宋明两代"心学"的开山祖。对我国理学产生深远影响。

047

■理学家朱熹画像

了学术的主导地位。虽然以后也有心学、农学渗入湖南，但这一主导地位始终没有动摇过。

胡安国所著《春秋传》成为后世科举士人必读的教科书。又著《〈资治通鉴〉举要补遗》100卷，《文集》15卷。《宋史》立传，《宋元学案》中有《武夷学案》，明正统年间从祀孔庙。

1706年朝廷赐"霜松雪柏"匾额一方，1737年拨内府库银建祠于隐山。

胡安国对两宋的政治和学术领域均产生了较大的影响。胡安国以其《时政论》《治国论》《春秋传》奠定了将心性之学与经世致用相结合的"湘派"风，为理学的发扬光大做出了重要贡献。

胡安国传学儿子胡宏及弟子。胡宏传学张栻。张栻湘中门人众多，仅见于《岳麓学案》的即有33人。他们先后讲学于碧泉、岳麓、南岳、主一等书院，培养了大批学者。

湖湘学派研究传统理学，提倡修身为学，主张经世致用，重教化，讲名节，轻利禄，憎邪恶，对湘潭乃至湖南的人文教化和道德风尚有深远影响。胡安国父子及他们的门生继承且光大发扬了湖湘文化，他们是湖湘文化的鼻祖。

阅读链接

胡安国的长子胡寅，礼部侍郎，著《读史管见》数十万言，学者称致堂先生。次子胡宁，官祠部郎中，后辞佐父修纂《春秋传》，著《春秋通旨》，学者称茆堂先生。季子胡宏传父学，讲学碧泉书院20余年，传学于张栻等，著《胡子知言》等书，学者称五峰先生，《宋元学案》中有《五峰学案》。侄胡宪从胡安国学而不仕，门下朱熹从游最久，学者称籍溪先生。

李东阳领袖茶陵诗派

李东阳，明代中叶重臣，文学家，书法家，茶陵诗派的核心人物。湖广长沙府茶陵州人，寄籍京师。天顺八年进士，授编修，累迁侍讲学士，充东宫讲官，弘治八年以礼部侍郎兼文渊阁大学士，直内阁，预机务。立朝五十年，柄国十八载，清节不渝。文章典雅流丽，工篆隶书。有《怀麓堂集》《怀麓堂诗话》《燕对录》。

1447年，李东阳出生于湖广长沙府茶陵州。父亲李淳是个饱学之士，以教私塾为生，因家境贫困，甚至还当过摆渡的船工。

■李东阳画像

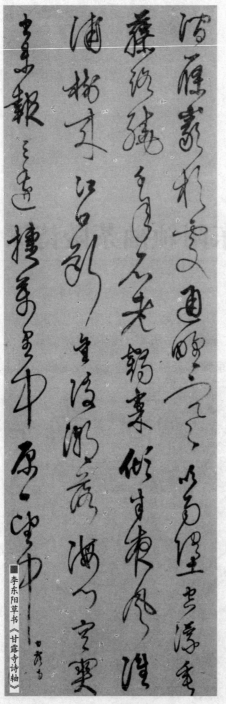

李东阳草书《甘露寺诗轴》

李东阳幼年就显现出非凡的才华。4岁时就会写直径一尺的大字，被京城中人视为神童。

于是，顺天府官员把李东阳推荐给景帝，父亲带他进宫朝见皇帝，因人小腿短，跨不过门槛。皇帝见此情景，便脱口出了上联："神童脚短。"小东阳应声对下联："天子门高"。

皇帝高兴地将小东阳抱坐膝盖上，见其父亲还站立在一旁，又出上联："子坐父立，礼乎？"李东阳答道："嫂溺叔援，权也。"

李东阳当着景帝写下"龙、凤、龟、麟"等大字，景帝非常高兴，赐给李东阳珍奇水果和金银元宝。之后，并两次召见准予李东阳进顺天府学读书。

据说当时李东阳和程敏政同时作为神童，被皇帝召见入宫殿。皇帝正在吃螃蟹，便以此出上联："螃蟹浑身甲胄。"

程敏政应声对道："凤凰遍体文章。"

李东阳从容答道："蜘蛛满

腹经纶。"

皇帝说："这个孩子将来会当宰相。"殿试后第三天，李东阳中了第三名神童。

李东阳被举荐为神童后，不少文人墨客找他题诗作对，试试他的才华是否名副其实。

有位老翰林将他的名字嵌入联语，要他用"两兼格"续对："李东阳气暖。"东阳对道："柳下惠风和。"老翰林惊叹不已。

1464年，李东阳18岁即跨级直接考中进士，殿试二甲第一，选庶吉士，不久授编修，参与修撰《英宗实录》。

1467年《英宗实录》书成，李东阳升从六品俸。后迁侍讲，旋入经筵侍班。1480年，为应天乡试考官。

1484年，再迁侍讲学士，辅太子诵习。1486年丁父忧。1489年，补原官加左庶子，预修《宪宗实录》。书成，升太常寺少卿。

1492年大旱，孝宗敕群臣言天灾事，李东阳条摘有关《孟子》，以天灾与时政阙失相连，天降灾福与人事有关，望皇帝勤习经文，以诚意动天意。其他"凡事关祈祷，悉加屏绝。"孝宗称赏。迁礼部右侍郎，入内阁专典诰敕事。

1495年，李东阳以本官入文渊阁参与机务。1498年，加太子少保礼部尚书兼文渊阁大学士。1503年，纂修《大明会典》成，进太子

■ 李东阳书法

051

一脉相承

先贤精魂

绝句 起源于两汉，成形于魏晋南北朝，兴盛于唐朝，当时都是四句一首，称为"联句"，《文心雕龙·明诗》所谓"联句共韵，则柏梁余制"。唐宋两代，是中国经典诗歌的黄金时代，绝句风靡于世，创作之繁荣，名章佳句犹如群芳争艳，美不胜收，可谓空前绝后。

■ 明代李东阳书法
《杜甫诗意图跋》

太保、户部尚书、谨身殿大学士。

内阁大学士刘健、谢迁颇有刚直之名，刘健善断，谢善持论，而李东阳性温而多智谋。有"李公谋、刘公断、谢公尤侃侃"之赞。孝宗对三大臣意见颇多采纳，并常召入宫中议事，"呼先生而不名"。

1504年，重修阙里孔庙工竣，李东阳奉诏往祭。及归，上《通达下情题本》，直陈时局艰难。

1506年，李东阳等上疏极陈"嬉游废政"之弊；又上疏论"时政四弊"，乞休；武宗不允，而朝政无所改。后来，朝官纷请诛宦官刘瑾等，武宗与内阁议时，刘健、谢迁持论激烈，至于推案哭骂，遂为武宗所恶。

刘、谢上疏乞休，唯东阳仍留内阁。刘、谢即免，内阁引进王鏊、焦芳，迭加李东阳少师、太子太师、吏部尚书、华盖殿大学士。

当时刘瑾把持朝政，李东阳独木难支，无力回天。有人画了一幅丑老妪骑牛吹笛的讽刺画，在画中老妪额上题"此李西涯相业"，西涯是李东阳的号，以此嘲讽李东阳。

有人向李东阳报告此事，可他不动声色，自题绝句一首：

<blockquote>
杨妃身死马嵬坡，出塞昭君怨恨多。

争似阿婆骑牛背，春风一曲太平歌。
</blockquote>

在后来推翻刘瑾的斗争中，李东阳起了关键性作用。

李东阳以台阁大臣主持文坛数十年，其为诗文典雅工丽，为首形成"茶陵诗派"。兼善书法，于篆隶造诣尤高。

大家赞李东阳"长沙公大草，中古绝技也！玲珑飞动，不可按抑，而纯雅之色，如精金美玉，毫无怒张蹈厉之癌，盖天资清澈，全不带渣滓以出。"

李东阳论诗声色并重，他认为诗歌的较高境界应该是"诗必有具眼，亦必有具耳。眼主格，耳主声。闻琴断知为第几弦，此具耳也。月下隔窗辨五色线，此具眼也。"

■ 李东阳行书《王徽墓表卷》

杜甫 唐代伟大的现实主义诗人，杜甫被世人尊为"诗圣"，其诗被称为"诗史"。杜甫忧国忧民，人格高尚，约1400余首诗被保留了下来，集为《杜工部集》，诗艺精湛，在中国古典诗歌中备受推崇，影响深远。

李东阳要求以此为准绳来辨别唐音、宋调："试看所未见诗，即能识其时代格调，十不失一，乃为有得。"

李东阳推崇盛唐诗，特别是杜甫诗，就要求人们先知唐调：

> 长篇中须有节奏，有操有纵，有正有变，若平铺稳布，虽多无益。唐诗类有委曲可喜之处，惟杜子美顿挫起伏，变化不测，可骇可愕，盖其音调与格律正相称，回视诸作，皆在下风。然学者不先得唐调，未可遽学杜也。

长篇中须有节奏，有操有纵，有正有变，若平铺稳布，虽多无益。唐诗类有委曲可喜之处，惟杜子美顿挫起伏，变化不测，可骇可愕，盖其音调与格律正相称，回视诸作，皆在下风。然学者不先得唐调，未可遽学杜也。

正因为李东阳有这样的理论主张，所以他的山水诗的创作不仅注重色泽耀眼，而且注重音调和谐。由于李东阳长期生活在北京，京城内外的自然山水也就成为他欣赏创作的对象。

他曾颇有激情地描绘过《京都十景》，其中有一首这样写道：

> 蓟门城外访遗踪，树色烟光远更重。
> 飞雨过时青未了，落花残处绿还浓。
> 路迷南郭将三里，望断西林有数峰。
> 坐久不知迟日霁，隔溪僧寺午时钟。

从人间的自然山水中就能领悟到乐趣，它成为对抗佛教虚无缥缈的宣传的最好办法。这就是诗人所说的"幽处觉心清"。

从李东阳的京城山水诗中，可以领悟出一位官高事闲、雍容华贵的士大夫风采。

李东阳与彭泽交往甚密，常有唱酬。彭泽其实内心对李东阳的诗并不太赞赏。后来，彭泽官场失意，离京回乡。李东阳赠诗一首：

> 斫地哀歌兴未阑，归来长铗尚须弹。
>
> 秋风布褐衣犹短，夜雨江湖梦亦寒。
>
> 木叶下时惊岁晚，人情阅尽见交难。
>
> 长安旅食淹留地，惭愧先生苜蓿盘。

彭泽读到开头四句便深为感动，读完全诗，潸然泪下。反复吟诵数十遍，爱不释手，对儿子说："现在我才发现西涯的诗写得这样好，意境如此深远。我恨不能与他重相见，把酒论诗文！"

李东阳之女嫁于山东曲阜孔闻韶。未嫁之前，其女以孔家园林狭小，花木稀少为词，稍有责难。

孔家为此大兴土木，扩充屋宇，修葺亭台楼阁。孔闻韶乃孔子六十二世孙，于1503年袭封衍圣公，"班超一品之阶"。

同年孔府花园竣工，李东阳之女亦于当年出嫁，封为一品夫人。可谓三喜临门。

阅读链接

李东阳官居相位，并主持文坛，门生众多，其诗论诗风堪称一代之盛，成为台阁体向前后七子复古运动之间的过渡。

但因李东阳生活圈子平静狭小"四十年不出国门"，其诗多是题赠之作和咏史之作，内容大体不出宫廷、馆阁的生活，故使茶陵诗风并未脱离典雅工丽的台阁体的影响。

李东阳盛赞"馆阁之文，铺典章，裨道化"。但是其离开台阁体的作品，如《白杨行》等，颇有生活气息。

魏源师夷之长观世界

魏源，名远达，字默深，晚年弃官归隐，潜心佛学，法名承贯。湖南邵阳隆回人，清代启蒙思想家、政治家、文学家，近代我国"睁眼看世界"的先行者之一。

魏源认为论学应以"经世致用"为宗旨，提出"变古愈尽，便民愈甚"的变法主张，倡导学习西方先进科学技术，总结出"师夷之长技以制夷"的新思想。

魏源画像

1794年，魏源生于湖南邵阳县金潭。7岁从塾师刘之纲、魏辅邦读经学史，常苦读至深夜。母亲看他读书过于勤奋，就每夜定时熄灯让他睡觉，他等二老熟睡之后，以被遮灯默读。

魏源9岁赴县城应童子试，考官

■ 魏源雕塑

指着画有"太极图"的茶杯提出"杯中含太极"嘱对。魏源摸着怀中二麦饼对答："腹内孕乾坤。"考官大为惊异。

10岁那年，魏家庭园遭受严重灾荒而破落，从此过着缺米少柴的日子。魏源从小好读历史书籍，注意研究历代王朝兴衰的经验教训。

1810年，15岁的魏源考取秀才，1811年辛未岁试补廪膳生，1813年癸酉科选拔贡。

1814年，魏源随其父来到京城，靠教书谋生，向文学大师刘逢禄等学习公羊学。就在这时，他结识了进步思想家龚自珍，由于志趣相投，很快成为挚友。

他们摒弃烦琐考据的学风，勇于面对现实，切磋"经世致用"之学，慷慨议论时弊，探索挽救腐败的封建统治，实现富国强兵的良法，以冲破"万马齐喑"的沉闷局面。两年后，魏源回到南方，在长沙等地教书。

1822年，魏源考中举人第二名，次年，在驻古北口的直隶提督杨芳家当教师，开始研究古今边疆防务和西北地理，关心边陲的安危。

1825年，魏源受江苏布政使贺长龄之聘，辑《皇朝经世文编》120卷；又助江苏巡抚陶澍办漕运、水利诸事。撰《筹漕篇》《筹齿差篇》和《湖广水利论》等。

《皇朝经世文编》汇集了清朝开国以来有关政治、社会和思想方面的论文。这部著作，贯彻了经世致用思想，对后人产生不小的影响。他在代贺长龄所作的《皇朝经世文编叙》中，表明了他反对复古泥古，主张重视现实、变革旧制的思想和历史进化观点。

1829年魏源应礼部会试，与龚自珍双双落第，房考刘逢禄作《两生行》哀之，从此龚魏齐名。

魏源后来捐内阁中书舍人候补，内阁藏书丰富，乃博览史馆秘阁官书及士大夫私家著述。

1830年，他随杨芳至嘉峪关，考察西北的地理和边防情况，对于西北的防务更加关心。

1831年，因父丧南归，不久移居南京，先后协助两江总督陶澍、江苏巡抚林则徐筹划漕运、盐政、水利等改革，强调天下无数百年不弊之法，必须改革旧制，才能兴利除弊。

当时鸦片走私日益严重，魏源和林则徐一样，坚决主张实行严禁。在1831年写的《江南吟》一诗中，深刻地揭露了鸦片的严重危害，指出如不实行严禁，将出现海疆失守，财富耗竭的严重局面。

1832年，魏源来到南京，即相中地处城西清凉山下乌龙潭边，在史称"诗巷"的龙蟠里东侧购地建三进草堂，初始魏源为爱屋起名"湖子草堂"后改名"小卷阿"。并在潭边浅水处建有"宛在亭"。

魏源后半生长年居住此处，其名著《海国图志》即在此处撰写

■林则徐画像

■ 魏源禁烟场景

林则徐 清朝后期政治家、思想家和诗人，是中华民族抵御外辱过程中伟大的民族英雄，主要功绩是虎门销烟。官至一品，曾任江苏巡抚、两广总督、湖广总督、陕甘总督和云贵总督，两次受命为钦差大臣。因其主张严禁鸦片、抵抗西方的侵略、坚持维护我国主权和民族利益深受全世界人民的敬仰。

完成。其间，他与时任江苏巡抚的林则徐往来甚密。

1840年，英国悍然发动了侵略我国的鸦片战争。魏源毅然以振国威、安边疆为己任，投身民族自卫战争。同年10月，当他听到英国炮兵上尉安突德在浙江定海附近测绘地图时被当地群众抓获的消息后，立即赶往宁波知府衙门审讯战俘。

魏源根据安突德的口供，并参考其他书籍，于1841年写成《英吉利小记》一文，介绍了英国的历史、地理、政治、经济，军事等概况和侵华意图，揭露了英国贪婪狡猾的本性，提醒人们重视研究英国的国情，军情，认真对付侵略者。后见清政府和战不定，投降派昏庸误国，愤而辞归，立志著述。

1842年，魏源完成了《圣武记》，叙述了清初至道光年间的军事历史及军事制度。在文中提出"今夫财用不足国非贫，人才不竞之谓贫；令不行于海外国非赢，令不行于境内之谓赢。故先王不患财用，而惟亟人才；不忧不逞志于四夷，而忧不逞志于四境。官不材，则国祯富；境无废令，则国柄强"的观点。

1844年甲辰，魏源再次参加礼部会试，中进士，以知州用，分发江苏；任东台、兴化知县。期间改革盐政、筑堤治水。

1846年夏天，魏源的母亲因病去世，按清代惯例父母丧必须去官守制。这时，他窘迫得连装运母亲棺枢回乡安葬的路费都没有，只好借住在朋友家中，向亲友借债。

由于亲友的帮助，最终才将母亲棺枢运回。在离开东台的时候，台城人民深为这位贤明的县令离任而感到怅然，万人空巷，挥泪相送，攀辕卧辙，途之为塞，殷切地期望他再知东台。

在此期间，魏源依据林则徐所辑的西方史地资料《四洲志》，参以历代史志、明以来《岛志》及当时夷图夷语，增补了大量资料，完成了《海国图志》50卷本。

该书不仅介绍了五大洲几十个国家的历史、地

知州 古代官名。宋以朝臣充任各州长官，称"权知某军州事"，简称知州。"权知"意为暂时主管，"军"指该地厢军，"州"指民政。明、清以知州为正式官名，是各州行政长官，直隶州知州地位与知府平行，散州知州地位相当于知县。

县令 在周朝时称县正，春秋时称宰、尹、公等。秦汉时，县拥有万户以上者称县令，不满万户者称为县长。宋朝时期常派遣朝官为县的长官，称知县事，简称知县。元代县的主官改称县尹，明、清以知县为一县的正式长官，正七品。

一脉相承

先贤精魂

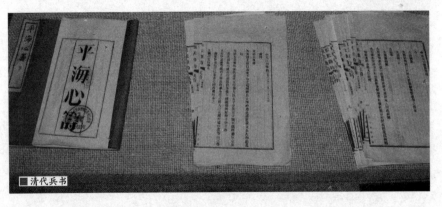

■ 清代兵书

■《海国图志》书影

理、政治、经济、军事、文化和科技，而且认真总结了鸦片战争的经验教训，更深刻更系统地阐发了他的军事思想。

在书中，魏源对强国御侮、匡正时弊，振兴国脉之路作了探索。提出"以夷攻夷""以夷款夷"，和"师夷之长技以制夷"的观点，主张学习西方制造战舰、火械等先进技术和选兵、练兵、养兵之法，改革我国军队。

为了捍卫我国的独立自主，魏源号召"以甲兵止甲兵"，相信中国人能战胜外国侵略者。他告诫人们在"英吉利蚕食东南"之时，勿忘俄罗斯"并吞西北之野心"。他提倡创办民用工业，允许私人设立厂局，自行制造与销售轮船、火器等，使国家富强。

魏源主张革新，要求"去伪、去饰、去畏难、去养痈、去营窟"；"以实事程实功，以实功程实事。"并在《默觚》中发挥了"变古愈尽，便民愈甚"和"及之而后知，履之而后艰"的主张，实为近代我国改良思想的前驱。

魏源认为英国侵略军善于在外洋作战，一旦进入内河，便失其所长，因此提出"守外洋不如守海口，守海口不如守内河"，把敌人舰队诱入内河来打，充分发挥我水陆协同作战的优势。

魏源在书中生动地描绘了诱敌深入的具体战法：先以弱小的部队与敌接战，佯败而退，诱其深入。敌舰一旦进入内河，只能鱼贯而

淳朴湖湘

湖湘文化特色与形态

行，不能把船四面布开。

这时，我军先在河流浅窄的地方沉船结筏，阻挡它前进，再在河流下游树桩布筏，遏制它的后路，然后驾驶小船攻击它的头尾，与此同时，两岸火炮向敌舰猛烈轰击，使其四面挨打，无法躲闪。

1851年，魏源授高邮知州，这段时间里，他在筹划海运、兴修水利，改革盐政等方面继续做出了贡献。公余整理著述，1853年完成了《元史新编》。

特别是于1852年完成了《海国图志》百卷本的鸿篇巨著。在补充的部分中，用几乎全书五分之一的篇幅，图文并茂地介绍了各地官绅和兵器专家精心研制和改进战船、火炮、鸟枪、火药，地雷、水雷等情况，体现了他对改进军队武器装备的殷切期望。

魏源晚年辞职后，潜心学佛，法名承贯，辑有《净土四经》。

阅读链接

魏源知识渊博，一生写了50多种著作，记载着他在哲学、政治、经济，军事、历史和文学方面的成就。

其中许多著作闪烁着炽热的爱国主义思想光辉，而对我国影响最大的莫过于《海国图志》，成为我国各阶级、各阶层学习西方"长技"的先导。

洋务派首领之一左宗棠公开申明，他在福建设局造战船，在甘肃设厂造枪炮，就是继承魏源在《海国图志》中所提出的"师夷之长技以制夷"的思想。

魏源那种承认落后而又不甘落后，放眼世界，积极寻求富国强兵良策，力求振兴中华的进取精神，值得发扬光大。

曾国藩文武之道大智慧

曾国藩朝服像

曾国藩，出生于湖南长沙府湘乡县杨树坪。晚清重臣，湘军之父，湘军的创立者和统帅者。清朝战略家、理学家、政治家、书法家、文学家，晚清散文"湘乡派"创立人。晚清"中兴四大名臣"之一，官至两江总督、直隶总督、武英殿大学士，封一等毅勇侯。

1811年，曾国藩出生于湖南长沙府湘乡荷叶塘白杨坪的一个普通家庭。兄妹九人，曾国藩为长子。祖辈以务农为主，生活较宽裕。

祖父曾玉屏虽少文化，但阅历丰富；父亲曾麟书身为塾师秀才，作为长子长孙的曾国藩，自然得到了二位先辈的伦理教育。

曾国藩6岁时入塾读书，勤奋好学，孜孜不倦。至1832年考取了秀才，并与欧阳沧溟之女成婚。此后，连考两次会试不中。

1838年，28岁的曾国藩殿试考中了同进士。从此之后，踏上仕途之路，并成为军机大臣穆彰阿的得意门生。在京10多年间，他先后任翰林院庶吉士，累迁侍读、侍讲学士、文渊阁值阁事、内阁学士、稽察中书科事务、礼部侍郎及署兵部、工部、刑部、吏部侍郎等职。

曾国藩就是这样坚韧不拔地沿着这条仕途之道，一步一步升迁到二品官位。十年七迁，连跃十级。

1852年，曾国藩因母丧在家。这时太平天国运动已席卷半个中国，清政府屡次颁发奖励团练的命令，这就为曾国藩的湘军的出现，提供了一个机会。

1853年，曾国藩在其家乡湖南一带，依靠师徒、亲戚、好友等复杂的人际关系，建立了一支地方团练，称为湘勇。在团练湘勇期间，他严肃军纪，开辟新的军队，他先后将5000人的湘勇分为塔、罗、王、李等十营，先后将团练地点由长沙迁至湘潭，避免与长沙的绿营发生直接矛盾。

1854年，湘军在军事素质落后的清朝武装力量中

■ 曾国藩手迹

065

一脉相承

先贤精魂

翰林院庶吉士
古代官名。亦称庶常，始置于明初，是明、清两朝时翰林院内的短期职位。由科举进士中选择有潜质者担任，目的是让他们可以先在翰林院内学习，之后再授各种官职，是为明内阁辅臣的重要来源之一。

成为我国南方地区军事力量的主力之一。曾国藩被封为一等毅勇侯，成为清代以文人而封武侯的第一人，后历任两江总督、直隶总督，官居一品。

后来，清廷命曾国藩督办直隶、山东、河南三省军务。曾国藩带领湘军2万人，淮军6万人，配备了洋枪洋炮，使湘军力量大大加强。湘军将帅之廉勇，军纪之严明，是其勇猛善战的重要原因，亦使湘军威震天下。

由此，战乱各省纷纷赴湖南募勇招兵，蔚然成风，后人有"天下无湘不成军"之说。

1868年，曾国藩奉上谕改授为武英殿大学士。5月，至上海视察江南制造成总局。8月，奉命调任直隶总督。9月，江南造船厂试制的第一艘轮船驶至江宁，曾登船试航，取名"恬吉"。

直隶总督 正式官衔为总督直隶等处地方提督军务、粮饷、管理河道兼巡抚事，是清朝九位最高级的封疆大臣之一，总管直隶、河南和山东的军民政务。而由于直隶省地处京畿要地，因此直隶总督被称为疆臣之首。

■ 曾国藩撰书

1871年8月，曾国藩挈李鸿章联衔会奏《拟选子第出洋学艺折》。9月，视察水陆各营防务、训练情况。11月抵上海。

■曾国藩画像

1872年，曾国藩领衔上奏：促请对"派遣留学生一事"尽快落实。并提出在美国设立"中国留学生事务所"，推荐陈兰彬、容闳为正副委员常驻美国管理。在上海设立幼童出洋肄业局，荐举刘翰清"总理沪局选送事宜"。

曾国藩是一位政治家，对"康乾盛世"后清王朝的现象洞若观火，他说："国贫不足患，惟民心涣散，则为患甚大。"对于"士大夫习于忧容苟安"，"昌为一种不白不黑、不痛不痒之风"，"痛恨刺骨"。

曾国藩提出，"行政之要，首在得人"，危急之时需用德器兼备之人，要倡廉正之风，行礼治之仁政，反对暴政、扰民，对于那些贪赃枉法、鱼民肥己的官吏，一定要予以严惩。

曾国藩认为，理财之道，全在酌盈济虚，脚踏实地，洁己奉公，"渐求整顿，不在于求取速效"。

曾国藩将农业提到国家经济中基础性的战略地位，他认为，"民生以稼事为先，国计以丰年为瑞"。他要求"今日之州县，以重农为第一要务"。

受两次鸦片战争的冲击，曾国藩对中西邦交有自己的看法，一方面他十分痛恨西方人侵略我国，认为卧榻之旁，岂容他人酣睡，并反对借师助剿，以借助外国为深愧。

另一方面又不盲目排外，主张学习西方先进的科学技术，如他说

过购买外洋器物、访募覃思之士、智巧之匠、始而演习、可以剿发
捻，可以勤远略等。

曾国藩在文学上主张理、词章、考据三者并重，有《曾文正公家训》行于世，其奏疏，信札、诗文辑为《曾文正公全集》。

曾国藩也善于运用人才，清朝另外一些名臣如左宗棠、李鸿章都与他有密切关系，李鸿章等称呼曾国藩为老师。

曾国藩继承桐城派方苞、姚鼐而自立风格，创立晚清古文的"湘乡派"，他论古文，讲求声调铿锵，以包蕴不尽为能事；所为古文，深宏骏迈，能运以汉赋气象，故有一种雄奇瑰玮的意境，能一振桐城派枯淡之弊，为后世所赞。

曾国藩宗法桐城，但有所变化、发展，又选编了一部《经史百家杂钞》以作为文的典范，非桐城所可囿，世称为湘乡派。严复、林纾，以至谭嗣同、梁启超等均受他文风影响。

曾国藩家书

曾国藩对交友之道颇有见地，他认为交友贵雅量，要"推诚守正，委曲含宏，而无私意猜疑之弊"。"凡事不可占人半点便宜。不可轻取人财"。要集思广益，兼听而不失聪。

处世方面，曾国藩认为，"处此乱世，愈穷愈好"。身居高官，"总以钱少产薄为妙"。"居官以耐烦为第一要义"，"德以满而损，福以骄而减矣"。为人须在一"淡"字上着意，"不特富贵功名及身家之顺逆，子姓之旺否悉由天定，即学问德行之成立与否，亦大半关乎天事，一概笑而忘之"。"功不必自

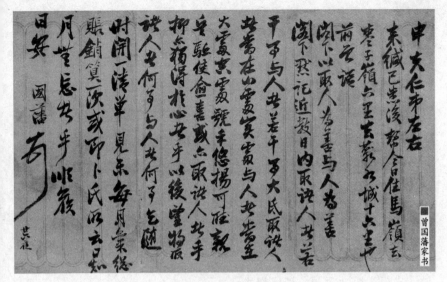

己出，名不必自己成"，"功成身退，愈急愈好"。

曾国藩写有格言12首，基本上概括了他的处世交友之道。

曾国藩还非常注重人格修养，他的人格修炼体现在五个方面：

首先是诚，为人表里一致，一切都可以公之于世。第二个是敬，敬畏，内心不存邪念，持身端庄严肃有威仪；第三个就是静，心、气、神、体都要处于安宁放松的状态；第四个字是谨，不说大话、假话、空话，实实在在，有一是一有二是二；第五个字是恒，生活有规律、饮食有节、起居有常。最高境界是"慎独"，举头三尺有神明。

曾国藩对养生也有独到见解，他认为："养生之法约有五事：一为眠食有恒，二为惩忿，三为节欲，四为每夜临睡前洗脚，五为每日两饭后各行三千步。"养生之道，"视""息""眠""食"四字最为要紧，养病须知调卫之道。

为此，曾国藩还总结了"日课十三条"：

一、主敬：整齐严肃，无时不惧。无事时，心在腔子里；应事时，专一不杂；二、静坐：每日不拘何时，静坐片刻，来复仁心，正位凝命，如鼎之镇；三、早起：黎明即起，醒后勿沾恋；四、读书不二：一书未点完，断不看他书。东翻西阅，都是徇外为人；五、读史：每日圈点十页，虽有事不间断；六、谨言：刻刻留心；七、养气：气藏丹田，无不可对人言之事；八、保身：节欲、节劳、节饮食；九、写日记：须端楷，凡日间身过、心过、口过，皆一一记出，终身不间断；十、日知所亡：每日记茶余偶谈一则，分德行门、学问门、经济门、艺术门；十一、月无忘所能：每月作诗文数首，以验积理的多寡，养气之盛否；十二、作字：早饭后作字。凡笔墨应酬，当做自己功课；十三、夜不出门：旷功疲神，切戒切戒。

曾国藩著有《曾文正公全集》传于世。另著有《为学之道》《五箴》等著作。据说，曾国藩还曾著有《挺经》。

阅读链接

曾国藩一生著述颇多，但以《家书》流传最广，影响最大。曾国藩的人生，他的智慧，他的思想，深深地影响了几代中国人。我国自古就有立功、立德、立言"三不朽"之说。而真正能够实现者却寥若辰星，曾国藩就是实现者之一。

他保住了大清江山，是清朝的"救命恩人"；他"匡救时弊"、整肃政风、学习西方文化，使晚清出现了"同治中兴"；他克己唯严，崇尚气节，标榜道德，身体力行，获得上下一致的拥戴；他的学问文章兼收并蓄，博大精深，是近代儒家宗师，"其著作为任何政治家所必读"，实现了儒家修身、齐家、治国、平天下、立功、立德、立言"三不朽"事业，不愧为"中华千古完人。"

文化风韵

湖湘工艺

湖湘文化底蕴深厚、丰富多彩，其中民间技艺反映在马王堆发现的西汉帛画是中国画的源头之一，而青铜器四羊方尊、湘绣、君山银针茶、怀化蜡染、长沙湘绣、竹简竹雕三十六计，也各有丰富的文化蕴含。

另外，泸溪踏虎凿花、隆回小莎江瑶族挑花、醴陵釉下五彩、益阳小郁竹艺、宝庆竹刻等也各有地方风韵。

造型精美的四羊方尊

四羊方尊，商朝晚期青铜器，属于礼器，祭祀用品。发现于湖南宁乡县黄村月山铺转耳仑的山腰上。

四羊方尊的发现地湖南宁乡，曾发现了大批的青铜器，因此被称为"宁乡青铜器群"。四羊方尊便是"宁乡青铜器群"的代表，也是宁乡最早的青铜器。

四羊方尊

这些青铜器绝大多数与殷墟中的青铜器特征一致。四羊方尊从造型与铸造特征方面是典型的商代青铜器，湖南当时是"荒蛮服地"，而商文化南界到淮河流域，宁乡一带可能是商朝的一个方国；有人怀疑是后来带入湖南地域的。

"尊"是一种盛酒器。尊一般为圆形、鼓腹、大口，也有少数方形尊。四羊方尊便是其中一例。"尊"常与"彝"并成成组的青铜礼器，此类器物主要流行于商周时期，基本造型是侈口、高颈，圆腹或方腹、圈足较高。商代晚期至西周早期是青铜尊的铸造盛期。

■湖南宁乡县月山铺出土四羊方尊

以四羊方尊式的方形尊和瓿式尊，共同特点是在器表的合范处多饰有凸起的棱脊，且通身雕满了精密繁缛的云雷纹、兽面纹、蕉叶纹，整个器物给人以雄浑厚重之感。

四羊青铜方尊是我国发现的商代青铜方尊之中体型最大的。造型雄奇，肩、腹部与足部作为一体被巧妙地设计成四只卷角羊，各据一隅，在庄静中突出动感，匠心独运。

四羊方尊器身方形，方口，大沿，颈饰口沿外侈，重近34.5千克，每边边长为52.4厘米，其边长几乎接近器身58.3厘米的高度。长颈，高圈足。颈部高耸，四边上装饰有蕉叶纹、三角夔纹和兽面纹。

尊的中部是重心所在。尊四角各塑一羊。肩部四角是四个卷角羊头，羊头与羊颈伸出器外，羊身与羊

夔纹 青铜器上的装饰纹样之一。夔，神话中形似龙的兽名。一说为龙纹、蜗身兽纹。图案表现夔主要形态近似蛇，多为一角、一足、口张开、尾上卷。有的夔纹已发展为几何图形。常施于簋、卣、瓿、彝和尊等器皿的足、口的边上和腹部作装饰。

四羊方尊正面

腿附着于尊腹部及圈足上。尊腹即为羊的前胸，羊腿则附于圈足上，承担着尊体的重量。

羊的前胸及颈背部饰鳞纹，两侧饰有美丽的长冠凤纹，圈足上是夔纹。方尊肩饰高浮雕蛇身而有爪的龙纹，尊四面正中即两羊比邻处，各一双角龙首探出器表，从方尊每边右肩蜿蜒于前居的中间。

全体饰有细雷纹。器四角和四面中心线合范处均设计成长棱脊，其作用是以此来掩盖合范时可能产生的对合不正的纹饰。

四羊方尊是用两次分铸技术铸造的，即先将羊角与龙头单个铸好，然后将其分别配置在外范内，再进行整体浇铸。整个器物用块范法浇铸，一气呵成，鬼斧神工，显示了高超的铸造水平。

四羊方尊集线雕、浮雕、圆雕于一器，把平面纹饰与立体雕塑融会贯通、把器皿和动物形状结合起来，恰到好处，以异常高超的铸造工艺制成。在商代的青铜方尊中，此器形体的端庄典雅是无与伦比的。此尊造型简洁、优美雄奇，寓动于静。被称为"臻于极致的青铜典范"。

尊的四肩、腹部及圈足设计成四个大卷角羊，增加了变化，在宁静中突出威严的感觉。方尊的边角及每一面的中心线的合范处都是长棱脊，改善了器物边角的单调感，增强了造型的气势。

淳朴湖湘

湖湘文化特色与形态

此器采用了圆雕与浮雕相结合的装饰手法，将四羊与器身巧妙地结合为一体，使原本造型死板的器物，变得十分生动，将器用与动物造型有机地结合成一体，并善于把握平面纹饰与立体雕塑之间的处理，达到了技术与艺术的完美结合。

四羊方尊所在的湖湘洞庭湖周围地区在商代是三苗活动区，在此地发现造型与中原近似的铜尊，表明商文化的影响已远及长江以南的地区。

羊成为青铜重器着力表现的对象，有其独特的象征意义。首先，羊在祭祀礼仪中的地位仅次于牛，商代国都所在的河南安阳小屯发现大量祭祀坑，最多的就是牛、羊、犬。

商王武丁时期的一条有关商王室对武丁祭祀的材料中提到"卜用百犬、百羊"，另一条材料中提到

牺牲 "牺牲"一词的本意，在我国古代指祭祀或祭拜用品，如供祭祀用的纯色全体牲畜，纯色为牺，全体为牲。后来也泛指供盟誓、祭祀所用的所有牲畜。

075

文化风韵

湖湘工艺

■四羊方尊局部

三阳开泰 羊在易学家的研究中被僧为"阳"的象征符号。故历来以"三阳开泰"为一年开头的吉祥语，有万物更新的象征意义。民间的绘画作品中，也用羊来表现"三阳启泰"、九羊启泰的主题。

■ 四羊方尊侧面

"十五羊""五十羊"，可见羊作为祭祀的牺牲用量很大。

羊的个性也使之成为人们喜爱的对象。先秦时期，人们对羊的个性有两个归纳：善良知礼；外柔内刚。羊"跪乳"的习性，被视为善良知礼，甚至被后世演绎为孝敬父母的典范；外柔内刚也被引申出许多神圣的秉性。

传说的始祖皋陶敬羊，《诗经·召南》中也有"文王之政，廉直，德如羔羊"的说法，古代一种独角怪兽獬豸也被认为与羊有关，能看出人是否有罪，能分辨是非曲直。后世以独角兽表示法律与公正。

羊最通俗或民间化的象征意义便是"吉祥"，至少从汉代开始，羊就与吉祥联系在一起，汉代瓦当、铜镜等铭刻中多见"宜侯王 大吉羊"，吉祥有时直接写成"吉羊"，在这里，羊与祥不仅仅是字的通

假，而是羊身上被赋予的上述种种秉性使然。

羊是带角的动物。角是许多民族尤其是原始民族崇拜之物，人类创造的神里许多带角，如我国古代战神蚩尤就是著名的带角的神与祖先。

甲骨文中的羌字，字形即为人头上戴羊角，世界各原始民族习见用羊角、牛角、鹿角为饰物。羊在甲骨文中约有40余种字形，字形最明显的共同特征便是突出了双角。

■四羊方尊雕刻

古人有"水之精为玉，土之精为羊"的说法，羊是各种艺术形式着力表现的对象。新石器时代有陶塑的羊，安阳殷墟商代妇好墓、山西曲沃北赵西周晚期到春秋早期晋侯夫人墓出土有玉羊、东汉有百戏吉祥画像石、东晋瓷器中有羊首壶。清代喜欢用三羊组成工艺品，意寓"三阳开泰"。

阅读链接

湖南以四羊方尊为代表的着力表现羊的青铜器，一方面保留了原始的图腾崇拜，又有替代羊作为牺牲献祭给神明的意思，同时还包含了对羊等家畜养殖兴旺的期盼，也可能就是后世关于羊的种种观念的萌芽。

对于当年羊尊的所有者来说，不仅是一件象征吉祥的器物，而且还是自己及其家国之希望所系。

珍贵丰富的马王堆遗物

马王堆汉墓主人辛追夫人复原蜡像

马王堆汉墓位于湖南长沙市芙蓉区马王堆乡，在长沙东郊浏阳河西岸，距离市中心4千米。

马王堆汉墓出土了各类文物数千件，因为保存完好，对象纷繁复杂，显得灿烂耀眼。通过这些文物可以解读那个久远的时代，挖掘其深刻的历史内涵。

马王堆汉墓中的随葬品，种类之杂，数量之多，让人眼花缭乱，惊叹不已。

随葬物清单遣策竹简发现

于东"边箱"，堆放在重叠的漆器上面，因编缀的绳索已经腐朽、散乱。

竹简长27.6厘米，宽0.7厘米，是用细竹劈开制成的，颜色是黄褐色，背面的竹皮大多为绿色。从残余的绳子痕迹来判断，竹简是书写后再用细麻绳分为上下两道将竹简顺序组编成册。

简上文字为墨书隶体，墨迹清晰，字体秀美。每简字数，少者两字，多者至25字，有的在一些文字中间作有标号，总字数2000有余。

竹简上的文字大多数可以辨识，是一册随葬物品清单，就是所谓的"遣策"，总有722枚，其中一号墓312枚，三号墓410枚，内容均为逐件记录随葬物品的名称、数量和各种物品的分类小计。马王堆遣策是同类竹简中最完整的两批。

■ 马王堆3号汉墓《合阴阳》竹简

一号墓的遣策所列清单的器物是：用漆木制成的九鼎、七鼎和三鼎、二鼎盛放各种羹，用竹笥盛放肉食品，用陶器盛放酱和酒，用布囊盛放粮食，以及漆木器具、梳妆用品、丝织衣物、乐器、扇、席和土质、木质的东西。

简文没有提到尸体的衣衾和相当数量的木俑，所载内容与墓内器物虽有一定的出入，但两相符合者仍然较多，因而根据简文便可确定某些器物的名称。

竹简 周至魏晋时代的书写材料，是削制成的狭长竹片或是木片，竹片称简，木片称札或牍，统称为简，现在一般说竹简。均用毛笔墨书。竹简对我国文化的传播起到了至关重要的作用，也正是它的出现，才得以形成百家争鸣的文化盛况，同时也使孔子、老子等名家名流的思想和文化能流传至今。

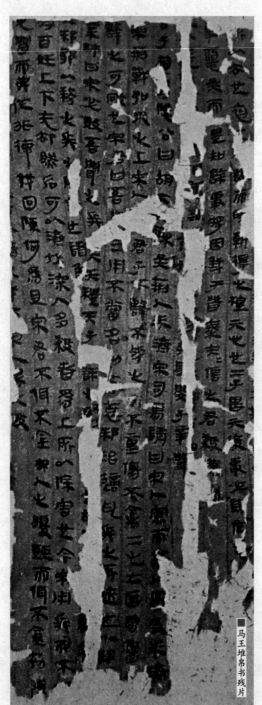

马王堆帛书残片

三号墓中的遣策竹简，大部分内容与一号墓相同，还记载有骑从、乐舞、童仆等侍从，包括所持仪仗、兵器和乐器等物，这些都能同出土的木俑及棺房两壁的帛画大体对照起来。

马王堆汉墓中还发现有精美的彩绘帛画。帛画是我国古代的一个画种，因画在帛上而得名。

帛是一种白色的丝织品，古人常用笔墨和色彩在上面描绘人物、走兽、飞鸟及神灵、异兽等形象。

马王堆汉墓发现五幅帛画，其中一号墓一幅，三号墓四幅。这些帛画都是彩绘，保存十分完整，它们大多色彩鲜艳，形象生动，是不可多得的艺术珍品。

一号墓的帛画上宽92厘米，下宽47厘米，全长205厘米，为"T"字形。其画面完整，形象清晰，自上而下分段描绘天上、人间和地下的景象。

天界部分画在上端最宽阔的地方。右上角是一轮红日，日中有金乌，日下的扶桑树间，还有八个太阳；左上角是一弯新月，月上有蟾蜍和玉兔，月下画着奔月嫦娥。

在日、月之间，端坐着一个披发的人首蛇身的天帝，一条红色的长尾自环于周围。天上有一道天门，有守门吏。另有神龙、神鸟和异兽相衬，显出天界的威严和神圣。

人间部分以玉璧为界划分成上下两层，上层是墓主人升天，下层是墓主人祭祀。墓主人拄杖，面向西方，前有小吏迎接，后有侍从护送，很有气魄。

人间之下有一人赤身裸体，可能是地神，双手举起白色平台，象征着大地。平台之下是古人通称的黄泉，巨人脚踏鲸鲵，胯下有蛇，使人感到阴沉昏暗。

整个画面从下到上，表现地下、天上的各种景色，有的是出自传说中的故事，也有的是各种社会生活，有的是人脑中的各种想象。

三号墓出土的一幅帛画

■ 马王堆三号汉墓T形帛画

■ 马王堆导引图

黄泉 在我国文化中是指人死后所居住的地方。打泉井至深时水呈黄色，又因人死后埋于地下，故古人以地极深处黄泉地带为人死后居住的地下世界，也就是阴曹地府。黄泉又称九泉、九泉之下，九泉指九个泉井深，或谓天有九重天、地有九重地，表示极深，地下极深处即谓黄泉。

与一号墓中那幅帛画的尺寸、形制、内容都相近。这两幅帛画以有序的层次，展示了汉初人们观念中的宇宙图景。取自远古神话的大量形象和按照现实描绘的人与物，构成天、地、人相沟通的境界。

帛画出土之前分别放置在两墓内棺的板上，是葬仪中用以表示招魂、导引后随葬的旌幡，又称"非衣"，因而其主题是灵魂升天。画中人物正行进在通往"天国"的途中，天上日月并辉、明乐环响，龙、豹、翼鸟、玉璧等均是吉祥、护佑的象征。

在三号墓棺室西壁的一幅帛画长212厘米，宽94厘米，描绘了盛大的车马仪仗场面。

左上方有两行人物，文武属吏簇拥着戴冠、着袍、佩剑的墓主向前行进，队列前有五层高台。下方有100多人组成方阵，阵中是正在鸣金击鼓的乐队。

右上方有4列驷马车骑，右下方有14纵列共100余骑从，画中所有的人物、车马都面向墓主人方向。

有人认为这幅画描绘的是誓社、耕祠场面，也有人根据所绘的大都是武卒、车骑，认为描绘的是接受墓主检阅的仪仗。

三号墓的另一幅帛画为导引图，长100厘米，宽5

厘米。以红、蓝、棕、黑等颜色描绘男男女女做健身运动，共有4排44人的形象。

这些人有男有女，有老有少，他们有的着长袍，有的穿短裙短裤，还有的裸露着上身。

运动的类型有伸展、屈膝、转体、跳跃等肢体运动，也有使用棍棒、沙袋、球类的器械运动，还有模仿熊、鹤、鸟等各种动物姿势的运动。

根据人物动作与旁边的题字，可知是一幅关于运动的画作，定名为《导引图》。

马王堆汉墓的随葬品中还有纺织品和衣物200余种。其中包括了汉代丝绸品种的大部分，如平纹组织的绢、缣、纱，绞经组织的素罗和花罗，斜纹组织的绮、锦、绒圈锦，袋状组织的绦带以及彩绘印花纱，还有大麻和苎麻制成的粗细麻布等。

在三号墓东边箱子的长方形漆盒中，发现有大批的帛书。这些帛书是唯一可以和千年女尸媲美的东西。帛书又名缯书，它以白色丝帛为书写材料，其起源可以追溯到春秋时期。

马王堆汉墓的帛书共有28种，12万字，破损比较严重。帛的高度大致有两种：整幅48厘米和半幅24厘米。画表、图用的帛，幅面大小视需要而定。

汉朝 （前202年—220年），分为西汉和东汉，是继秦朝之后强盛的大一统帝国。汉代被称为"炎汉"。又因皇帝姓刘而称"刘汉"。公元前202年刘邦建立西汉，定都长安。公元25年，刘秀称帝，建立东汉，定都洛阳。汉朝的建立为华夏民族两千年的社会发展奠定了基础，为中华文明的延续和挺立千秋做出了巨大贡献。

文化风韵

湖湘工艺

马五堆帛画

■ 马王堆汉墓帛书
《五十二病方》

朱砂 也称丹砂、
辰砂，古时称作
"丹"，朱砂的
粉末呈红帛画可
以经久不褪。我
国利用朱砂作颜
料已有悠久的历
史，把朱砂磨成
红色粉帛画涂嵌
在甲骨文的刻痕
中以示醒目，这
种做法已有几千
年的历史。

帛书一般都是把帛横摊着从右端开始直行写下去。有的先用墨或朱砂画好上下栏，再用朱砂画出0.7厘米至0.8厘米宽的直行格，此即为后代的"朱丝栏"。

帛书有长有短。短的，一段帛上只写一种书或画一幅图；长的，写完一种书或画了一幅图后，并不剪断，而是另起一行接着书写或画另外的画。

帛书的体例不一，有的在第一行顶上涂一黑色小方块做标记，表示书从这里开始；有的则没有画行首的标记。有些书是通篇连抄，不分章节；有些用墨点记号分章；有些则提行另起章节。

大部分帛书都没有书名。有标题的，一般都写在文章的末尾，并记明字数。

自从秦代统一文字，规定小篆作为全国标准字体之后，还规定隶书作为日用文字，通行全国。到西汉初年，随着社会的发展，汉字又有了进一步的发展。

据初步推断，马王堆三号墓的这一批帛书，抄写的时代可能有先后，也不是出于一个人的手笔，可能抄写的人对汉字发展的态度不一样，因此字体既有小篆，也有隶书，还有正在蜕变中的各种过渡形式。

整个帛书上的文字代表了这一时期字体的全貌。除了字体之外，另一个特点就是假借字多，简化字多，这些情况进一步表明，在秦统一文字后，西汉初年文字又处在一个新的发展过程中。

从马王堆三号墓的这批帛书的内容看，只有少数几种流传下来，而大部分是久已失传的佚书。书的内容以古代哲学思想、历史为主，也有相当一部分是当时自然科学方面的著作，还有各种杂书。

依《汉书·艺文志》分类，在这些马王堆汉墓的帛书之中，六艺类的有《周易》《丧服图》《春秋事语》和《战国纵横家书》。

诸子类的有《老子》甲本、《老子》乙本、《九主图》《黄帝书》。其中，《老子》甲本、《志子》乙本为所见最古的本子。

兵书类的有《刑德》甲、乙、丙三种。

数术类的有《篆书阴阳五行》《隶书阴阳五行》《五星占》《天文气象杂占》《出行占》《木人占》《符箓》《神图》《筑城图》《园寝图》和《相马经》。其

■ 马王堆文物

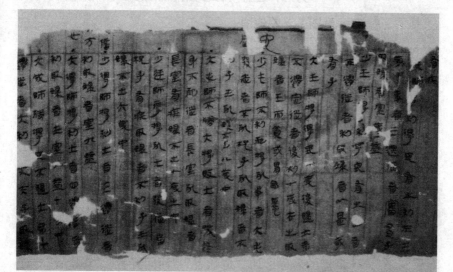

■ 马王堆出土文物

篆书 是大篆、小篆的统称。大篆指甲骨文、金文、籀文、六国文字，它们保存着古代象形文字的明显特点。小篆也称"秦篆"，是秦国的通用文字，是大篆的简化字体，其特点是形体匀遍齐整、字体较籀文容易书写。在汉文字发展史上，它是大篆由隶书、楷书之间的过渡。

中《五星占》是我国现存最早的天文书。

方术类的有《五十二病方》《胎产图》《养生图》《杂疗方》《导引图》，其中《五十二病方》是我国已发现的最古老的医书。

另外，还有《长沙国南部地形图》《驻军图》《城邑图》三幅地图。

帛书的出土，不仅丰富了古代史的内容，订正了史书的记载，还可以作为校勘某些传世古籍的有力依据。同时，在文字学、训诂学、音韵学等方面，也为后世研究者提供了丰富的研究资料。

同时，马王堆汉墓还发现有瑟、竽、笛、琴、竽律等五种乐器。另外还有和木俑附在一起的模型乐器钟、磬、筑等三种。

此外，在三号墓的遣策中，记载了不少歌舞、乐器的名称，如"楚歌者""河间舞者""郑舞者""建鼓""大鼓""钟磬""郑竽瑟""河间瑟"等。从中，一方面能了解轪侯家轻歌曼舞的奢侈生活，另一方面也能增进我们对汉代音乐文化发展水平的了解。

其中一件黑漆瑟有25根弦，长1.16米，宽0.39米，中部高0.1米，是一张木质的弦乐器。它的瑟面成拱形，中间是空的，下面嵌有1厘米厚的底板。首尾髹黑漆，其余光素。

另一件黑漆七弦琴长0.82米，底板长0.51米，是木质的弦乐器。七弦琴通体黑漆，头宽尾窄，面圆底平，面底可以分开。面板木质松软，似为桐木，底板木质坚硬。面底各有一个"T"形槽，合起来形成共鸣箱。琴面有七条弦痕。

马王堆一号墓有漆器184件，三号墓有316件，合在一起正好是500件。这样大量的漆器出土，在我国

竽 古簧管乐器，战国至汉代曾广泛流传。原三十六管，后减至二十三管，通高78厘米。竽斗、竽嘴木制。设二十二根管，最长者78厘米、最短者14厘米。分前后两排插在竽斗上，每排十一根，前排一根长竽管上端插有一个角质的"塞"。此竽管及其相邻一根长竽管下端都有两个按音孔，靠近两管内侧的竽斗上有两圆孔。后排两根长管也同此情形。

马王堆汉代图腾

是第一次。

这些漆器种类繁多，有盛装食物的鼎、奁、盘；有装酒或盛肉羹的锺、壶、钫；有喝酒或喝汤的耳杯、卮杯；有舀取食物的勺、匕；有盥洗用的盆、匜和沐盘；有盛托餐具的平盘和案；有放置各色各样梳理和化妆用具的多子奁盒；有娱乐用的博具；有日常生活用具和

■ 马王堆出土的精美漆瓶

摆设如屏风和几等；还有专用以挂放武器的兵器架。

各式器形达20种以上，其中漆耳杯占漆器总数的一半以上，堪称是汉代漆器的杰作。

这些漆器主要有两个特点：一是"新"，光彩夺目，仿佛是刚加工过似的；二是"组"，这些漆器大多成组地出现，有专用于宴请宾客的，有专用于祭祀神灵的，如鼎、盒、钫、盘、匜等，这些都是过去少见的。

漆器大部分是木胎，只有少数奁和卮是夹胎。装饰花纹多为漆绘的红、黑和灰绿等色。纹样则以几何纹为主，龙凤纹和草纹为辅。

一些漆器书有"侯家""君幸酒""君幸食"字样，还有的注明器物容量。说明这些器具是由成都官府作坊制造的。它们制作精致，纹饰华丽，光泽如新。

屏风 古时建筑物内部挡风用的一种家具，所谓"屏其风也"。屏风作为传统家具的重要组成部分，历史由来已久。屏风一般陈设于室内的显著位置，起到分隔、美化、挡风、协调等作用。它与古典家具相互辉映，相得益彰，浑然一体，成为家居装饰不可分割的整体，而呈现出一种和谐之美、宁静之美。

造型最精致的是耳杯盒和圆奁盒，耳杯盒一件，椭圆形，两侧有半圆形的把手，盒内放小耳杯六件，重沿耳杯一件。

圆奁盒两件，一件双层，另一件单层，均内漆朱地，外漆黑地，表面绘红彩或作金银色泽的花纹，出土时均用绣花包袱包裹。双层奁盒直径35厘米，下层嵌放九件不同形状的小漆盒。

在众多的漆器中，有一件云纹漆鼎格外耀眼。这件漆鼎为椭圆球形，盖是球面形，上有三个橙色的环形钮，盖与鼎身用子母扣套合，鼓腹，底略呈环形。器口附两平直耳，有三个兽蹄形足。

鼎表面髹黑漆，器内髹红漆。口沿绘有菱纹图案。盖和器身绘红色和灰绿色涡卷纹和方连纹等组成的几何云纹。足部用朱漆绘兽面纹，两耳云纹。鼎底部均朱书"二斗"两字，表示出了这个器物的容量。

马王堆汉墓随葬的土筒共48件，多数在西边厢，东边厢和南边厢内也有一些。

明器 也称冥器，就是陪葬器。战国至汉代早期厚葬之风大盛，许多王公贵族死后往往将大批他们生前所用的奴仆、器物带同下葬。到了汉代后期，已有采用替代品陪葬的例子了，如各种陶狗、陶羊、陶壶、陶猪舍等，这些才是真正意义上的明器。

■ 马王堆出土的精美漆盘

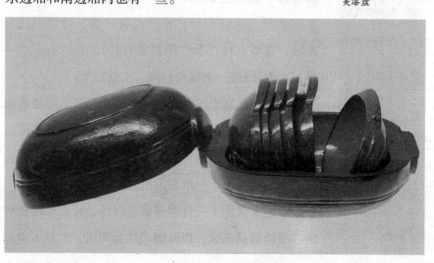

■ 马王堆出土的精美漆碗

鼎 青铜器最重要器物种之一，是用以烹煮肉和盛贮肉类的器具。三代及秦汉延续两千多年，鼎一直是最常见和最神秘的礼器。一般来说鼎有三足的圆鼎和四足的方鼎两类，又可分有盖的和无盖的两种。鼎被视为传国重器、国家和权力的象征，"鼎"字也被赋予"显赫""尊贵""盛大"等引申意义，又是旌功记绩的礼器。

竹笥是长方形竹箱，由上盖和底箱套合而成，"人"字纹编织，周边用竹片加固，以藤条穿缠。

竹笥一般长0.5米，宽0.28厘米，高0.15米。其中装盛缯帛服装的竹笥较大。竹笥外面全部用染色的绳子缠缚，并加封泥印和系挂木签。

根据笥内遗物和木签上所记载，笥内随葬品大概可以分为丝织品、食品、草药类、明器等。

丝织品有六笥，其中衣笥二，缯笥二，另有二笥装香囊、鞋及丝织物碎片；食品是笥内随葬品中的主要部分，达到37笥；草药类有一笥，可辨识的有木贼、花椒、桂皮等；明器类有4笥，共计有泥珠一袋，木象牙8件，木犀角13件，木璧23件。

马王堆汉墓中还发现有一些制作精美、形象逼真的木俑。其中一号墓有100多件，三号墓有30多件，它们分大型和小型两种，大型木俑出于东、南、北边厢，小型木俑出于中棺和内棺之间的隙缝中。

小型木俑除了三件着丝麻衣以外，皆以小树枝劈削，墨绘眉目而成，以麻绳编结为两组。大型木俑分立俑和坐俑。

大木俑有的着衣，有的彩绘，服饰，发髻略有区别，着衣俑的服装有罗袍、绣花袍和泥银彩绘袍等，衣袖内系用细竹条支撑。

彩绘用细线在木头上雕出服饰轮廓，然后用红黑彩色绘出绣花袍、菱纹袍等的纹饰。

马王堆出土的木俑大多都是用来盛放肉食品、谷物、果品和香料的竹笥，制作精美，形象逼真。

各种各样的木俑中，尤其以女性木俑最引人注目，一号汉墓中有一件女舞俑，高47厘米。舞俑腿部微曲，好像正在蹈足起舞。舞俑体态袅娜，有曲线美；舞姿轻盈，有动感美；奋袖蹈足，有造型美。制作木俑的艺术家，赋予了舞俑生命，让她在人们面前轻歌曼舞。

一号汉墓还有一件著名的歌俑，高32厘米，是跪坐着的。脸丰满，高鼻梁，丹凤眼。她经过精心打扮，脸上打了白粉，眉形修长，双唇涂了口红。清秀的面容上，流露着轻淡的笑意。

在众多木俑中，其中有一组木俑显得格外引人注目，它们由五位乐师组成。其中两位乐师，站在地上，手中拿着吹奏乐器，其余三位乐师跪在地上，用来弹奏的乐器置于地面，摆放在身前。

笥 是古代较为普遍使用的一种盛物器具，形状如同后来的长方形小箱。笥多以竹篾、藤皮、苇皮编织，也兼用荆条。制作有精有粗，或髹漆或素面。讲究的笥，还用夹纻胎，外髹漆彩绘，内衬绫罗为里。一般人家都为粗篾编织，杂放什物。

马王堆汉墓出土的陶俑

在乐队俑的对面，放置漆几、屏风、手杖、绣枕、香囊、奁盒以及满盛食物的漆案，这种搭配与设置，当为模拟墓主人生前歌舞宴饮的场面。

马王堆汉墓中其他随葬品还包括：

十二音律管，一套，12支，出东边箱北部。竹质，长短不一，插放在绣花袋里面。最短的0.1米，最长的0.17米。管的下端有墨书，书写"黄钟""大吕""中吕""林钟""应钟"等音律名。

铜镜，一件，放在圆奁盒中，有红绢镜套。弦纽，地纹为粗涡纹，主纹为蟠螭纹，直径为0.19米。

竹扇，两件，大扇在西边箱，长1.78米，小扇在北边箱，长0.52米。扇面作梯形，编织细密，有花纹，边缘及柄以丝织物包缝。

莞席，四件，保存最完好的两件，在西边箱竹笥上，一件长2.19米，宽0.81米，另一件长2.22米，宽0.82米，席边均用黄绢包缝，边宽0.2米左右。

■马王堆出土的骑乘俑

竹熏笼，两件，在北边箱，笼体竹编，上小下大，呈截锥形，外包绢帛。大熏笼直径0.3米，小熏笼直径0.29米。

竹篓，44件，在西边箱下层。竹条编制，上有两耳，有盖，直径0.25米，高0.2米。竹篓内盛满以麻绳串穿的泥"半两"钱。

粮食种子，装麻袋内，在西边箱竹篓上，为数甚多。可辨识的有稻、麦、黍、麻籽和菜籽等。

阅读链接

马王堆汉墓最为著名的是，一号汉墓出土的女尸，即利苍之妻辛追，时逾2000多年，形体完整，全身润泽，部分关节可以活动，软结蒂组织尚有弹性，几乎与新鲜尸体相似。

它既不同于木乃伊，又不同于尸腊和泥炭鞣尸，是一具特殊类型的尸体，是防腐学上的奇迹，震惊世界。女尸经解剖后，躯体和内脏器官均陈列在一间特殊设计的地下室内。

四大名绣之一的湘绣

湘绣《孔雀开屏》

湘绣是以湖南长沙为中心的带有鲜明湖湘文化特色的湖南刺绣产品的总称，是勤劳智慧的湖南人民在漫长的人类文明历史的发展过程中，精心创造的一种具有湖湘文化特色的民间工艺，是我国四大名绣之一。

湘绣起源于民间刺绣，已有2000多年的历史。是从农村妇女用来装饰衣服、荷包、烟袋的制作开始的。后来有一些画家参与湘绣的设计，把我国的一些技法移植到刺绣上，从而逐渐形成了湘绣的独特风格。

长沙楚墓中就发现有一幅龙凤图，绣品图案精美，绣工针法细腻，为世人叹为观止。

马王堆汉墓也有40件刺绣衣物和一幅铺绒绣锦。这些绣品图案多达10余种，绣线有18种色相，并运用了多种针法，达到针脚整齐、线条洒脱、绣工纯熟的境界。说明远在2100多年前的西汉，湖南刺绣即湘绣已发展到了较高的水平。

■ 湘绣作品《水乡出游》

至清代，长沙刺绣遍及城乡。据《长沙县志》中记载：

> 省会之区，妇女工刺绣者多，事纺织者少，大家巨族或以锦钿相尚。

长沙县是湘绣生产的传统基地，多数农家妇女均以刺绣为业，曾有"绣乡"之称。城内绣庄众多，到清末有26家，绣工逾万，年产绣品2万多件。绣品以被面、枕套等日用品为主，也有少量高档画屏。

1898年，优秀绣工胡莲仙的儿子吴汉臣，在长沙

四大名绣 我国的传统刺绣工艺品当中，常常将产于中部湖南省的"湘绣"，西部四川省的"蜀绣"，产于南部广东省的"粤绣"和产于东部江苏省的"苏绣"合称为我国"四大名绣"。

■湘绣——双面绣

开设第一家自绣自销的"吴彩霞绣坊"，作品精良，流传各地，湘绣从而闻名全国。

清光绪年间，宁乡画家杨世焯倡导湖南民间刺绣，长期深入绣坊，绘制绣稿，还创造了多种针法，提高了湘绣艺术水平。

光绪末年，湖南民间刺绣发展成为一种独特的刺绣工艺系统，成为一种具有独立风格和浓厚地方色彩的手工艺商品走进市场。这时，"湘绣"这样一个专门称谓才应运而生。

随着湘绣商品经济的发展，通过众多刺绣艺人不断探索和一大批出色的国画家潜心投入，湘绣吸收了我国古老文化中绘画、刺绣、诗词、书法、金石等诸种艺术精华，从而形成了以中国画为基础、以数十种针法和多种色阶的绣线，在各类底料上充分发挥针法的表现力，精细入微地刻画出物象外形内质的自行特色。

此后，湘绣在技艺上不断提高，并成为蜚声中外的刺绣名品。

湘绣的艺术特色，主要表现为形象生动、逼真，质感强烈，它是以画稿为蓝本，"以针代笔"，"以线晕色"，在刻意追求画稿原貌的基础上，进行艺术再创造。

湘绣在配色上善于运用深浅灰及黑白色，加上适当的明暗对比，增强了质感和立体感，结构上虚实结合，善于利用空白，突出主题，

淳朴湖湘

湖湘文化特色与形态

形成了湘绣水墨画般的素雅品质。

　　我国刺绣通常是用真丝、硬缎、交织软缎、透明玻璃纱、棉线等为原料绣制的精细工艺品，而湘绣绣品主要用真丝丝线在真丝织物上绣制图案。

　　传统湘绣的用线极有特点，线色万千，根据各种不同画稿的题材，运用各种不同的针法，选配各种不同色阶的丝线或绒线，凭借针法的特殊表现力和绣线的光泽作用，使绣制出来的物象，不但保存着画稿原有的笔墨神韵，而且通过刺绣工艺，增添了物象的真实性和立体感，起到了一般绘画所不及的艺术效果。

　　丝线经过荚仁液蒸发处理后再裹竹纸拭擦，使丝绒光洁平整不易起毛，便于刺绣操作。还有织花线，每根线染色都有深浅变化，绣后出现晕染效果。

　　绣线的运用，粗细相间，色泽有别，兼以适当夸张。湘绣绣工劈线，是一种特殊技能，湘绣的匀薄细腻与这一技能的日益进步分不开。湘绣的擘丝技术极为精细，细若毫发，从而超越顾绣中的"发绣"。湖南俗称这种极为工细的绣品为"羊毛细绣"。

　　以手指劈线，可劈至

晕染　绘画的一种技法，西域佛教壁画中的人物，均以朱红通身晕染，低处深而暗，高处浅而明，鼻梁涂以白粉，以显隆起和明亮。到了敦煌又有所改进，并使之与民族传统的晕染相融合，逐步地创造了既表现人物面部色泽，又富有立体感的新的晕染法，至唐而达到极盛。

■ 湘绣——单面绣

金枝玉葉

■湘绣

2开、4开、8开、16开等。线劈开后，千丝万缕，分辨不出差别，但绣上质地，求得对比统一，突出主题，达到明暗的自然变化，阴阳浑然一体。

湘绣的针法汲取苏绣的套针加以发展，针法多变，以掺针为主，并根据表现不同物象、不同部位自然纹理的不同要求，发展为70多种针法。

掺针俗称"乱插针"，掺针体系又细分为多种，如接掺针、拗掺针和直掺针等，另外还有湘绣特有的旋游针和盖针等多种针法。

湘绣制品中，既有名贵的欣赏艺术品，也有美观适用的日用品。主要品种有条屏、屏风、画片、被面、枕套、床罩、靠垫、桌布、手帕、各种绣衣以及宫廷扇、绣花鞋、手帕、围巾等各种生活日用品。每个品种可绣以风景、花鸟、走兽、人物肖像等图。

湘绣的题材广泛，风格多样，传统题材是以狮、虎、松鼠等，特别是以虎最为多见，民间有"苏猫、湘虎"之说，湘绣狮虎毛纹刚健直竖，眼球有神，几可乱真。

湘绣绣品丰富多彩。"以针为笔，以纤素为纸，以丝绒为颜色"，绣工们大大发挥掺针参色的作用，巧妙地以各种原色花线在质地上参互调合。用于同一色彩由深到浅或由浅到深的过渡，表达出逐渐变易又混合均匀的色阶，创造了各种绚烂和谐悦目的色彩。

用第一号深色线刺绣后，接绣第二号深色时，衔接必须参差不齐，互相交错，且不着痕迹，色彩才能和谐。交接搭线不可过长，也不可一线太长，一线太短。这是湘绣与其他绣品针法的基本区别之处，成为湘绣的特点之一。

按针法类别来分，湘绣可分为单面绣和双面绣。

单面绣就是只呈现一张绣面，绣娘用精湛的针法，令人眼花缭乱的200多种颜色的丝线，再辅以稿工的沤血力作才绣出完美的绣片。

绣片经过平烫后，让丝线的光泽和色彩融合到一起，工匠用画框装裱起来，正面是用玻璃镶好，背面用防潮且坚固的纸板卡好，保存二三十年不成问题。

单面绣的尺寸大小不拘一格，挂在墙，可以装饰房子的任何地方，餐厅挂水果和花卉让人食欲大增；客厅挂风景和植物让人神清气

■ 湘绣雄狮

■湘绣松鹰图

爽；房间挂动物和花鸟虫鱼让人流连忘返，书房挂字画和人物让人心旷神怡。

双面绣正反两面都是相同的绣面，上面绝对找不出半点瑕疵，哪怕是一个不起眼的线头，这是四大名绣中绝无仅有的高超绣法。

双面绣不但绣工精湛，而且有些框架也绝对称得上是一件木雕精品，它采用原木雕刻再上朱漆。充分展现湘绣的高雅与别致的韵味。

双面绣大部分都是圆形的镜框，而且有统一尺寸大小。湘绣不断创新，开发出长方形的方形双面绣，规模都统一，它非常适合摆设在客厅的玄关和壁柜里。

阅读链接

我国是世界上最早生产丝绸的国家之一，创造了辉煌灿烂的服饰文化。因此，丝绸服装在世界服饰文化宝库中占有重要的位置，我国被世人誉为"衣冠王朝"。

古代达官贵族为了显示其富贵和地位，在丝绸上绣有各种精美图案，常常利用刺绣来装饰衣、裙、衾、枕等生活用品，美化生活，创造美的世界奇葩。

比如皇帝绣有龙，皇后绣凤，文官绣鹤，武官绣虎等，这就是丝绸刺绣。我国刺绣源远流长，在传统工艺美术行业中颇有影响，是中华民族智慧的结晶。手工湘绣服饰在刺绣行业中是一个很重要的部分，有重要的影响。

荟萃荆楚文风的岳阳楼

岳阳楼位于湖南岳阳西门城头、紧靠洞庭湖畔，始建于三国东吴时期。

自古有"洞庭天下水，岳阳天下楼"之誉，与湖北武汉黄鹤楼、江西南昌滕王阁并称为江南三大名楼。北宋范仲淹脍炙人口的《岳阳

■岳阳楼石牌坊

■ 岳阳楼建筑

中书令 古代官署名。古代政权执政中枢部门，汉朝始设中书令，魏国建秘书监，有监、令，魏曹丕改称中书监、令。晋朝以后称中书省，为秉承君主意旨，掌管机要、发布政令的机构。沿至隋唐，遂成为全国政务中枢。宋元时中书省设中书令和中书丞相，明清时期废置。

楼记》更使岳阳楼著称于世。

岳阳楼始建于220年前后，其前身相传为三国时期东吴大将鲁肃的"阅军楼"。两晋、南北朝时期，阅军楼改称巴陵城楼，虽仍侧重于军事上的需要，但那壮阔绮丽的风光，已为诗人吟咏。南朝诗人颜延之《登巴陵城楼》诗，即有"清氛霁岳阳，曾晖薄澜澳"的佳句。

唐代时，巴陵城楼始称为岳阳楼。因岳州地处南北通途，又有楼台胜景，"迁客骚人，多会于此"。

716年，中书令张说贬官岳州，常会文人登楼赋诗。传说张说贬到岳州后，决定张榜招聘名工巧匠，在鲁肃阅兵台旧址修造"天下名楼"。

有一位从潭州来的青年木工李鲁班，手艺高强，擅长土木设计，被张说相中。张说限李鲁班在一个月内设计出一座三层、四角、五梯、六门、飞檐、斗拱的楼阁图纸。

谁知李鲁班摆弄了一个月的时间，设计出来的图纸只是一座过路小亭。张说很不满意，再限7天时间，一定要拿出与洞庭出水形胜相得益彰的有气派的楼阁图纸。

正当李鲁班一筹莫展时，一位白发老人走了过来，问清缘由，便把背的包袱打开，指着编有号码的木头说："这些小玩意儿，你若喜欢，不妨拿去摆弄摆弄，或许会摆出一些名堂来。若是还差点什么，就到连升客栈来找我。"

李鲁班接过来，摆了又撤，撤了又摆，果然构成了一座十分雄壮的楼型。大家十分高兴，都说是祖师爷显灵，向白发长者道谢。

老人说自己是鲁班的徒弟，姓卢。老者在湖边留下了写有"鲁班尺"三字的木尺后，一阵风后不见了。工地上人群纷纷跪下，向老者逝去的方向叩头不止。不久，一座新楼拔地而起，高耸湖岸，气象

■岳阳楼五朝楼观

淳朴湖湘

湖湘文化特色与形态

■岳阳楼红墙黄瓦

范仲淹 北宋著名
的政治家、思想
家、军事家、文
学家，世称"范
文正公"。仲淹读
书"昼夜不息。
冬日愈甚，以水
沃面，食不给，
至以糜粥继之。
人不能堪，仲淹
不苦也"。仁宗
时，担任右司
谏，后与富弼、
韩琦等人参与
"庆历新政"。提
出了"明黜陟、
抑侥幸、精贡
举"等十项改革
建议。

万千。

　　张说之后，张九龄、孟浩然、贾至、李白、杜甫、韩愈、刘禹锡、白居易、李商隐等风邀云集，接踵而来，留下许多语工意新的名篇佳作。

　　如李白："楼观岳阳尽，川回洞庭开"；杜甫《登岳阳楼》更是千秋绝唱：

　　　　昔闻洞庭水，今上岳阳楼。

　　　　吴楚东南坼，乾坤日夜浮。

　　　　亲朋无一字，老病有孤舟。

　　　　戎马关山北，凭轩涕泗流。

　　但岳阳楼真正名闻天下，是在北宋滕子京重修、范仲淹作记之后。

1044年，环庆路都部署兼知庆州滕子京被贬知岳州。滕子京上任后第二年便重修岳阳楼，《涑水纪闻》记载滕宗谅（字子惊）向民间欠钱不还者讨债，讨来的钱有一万缗，就用于修建岳阳楼。

滕子京无愧为一位具有远见卓识的名臣，他认为"楼观非有文字称记者不为久，文字非出于雄才巨卿者不成著。"

当他重修岳阳楼后，委人画了一幅《洞庭晚秋图》和一封求记书寄给当时的大文学家、政治家、军事家范仲淹，请他为楼作记。

当时范仲淹被贬到河南邓州戍边，见其书信后，欣然奋笔疾书，写下了名传千古的《岳阳楼记》，更使岳阳楼名扬天下，尤其是最后一段表达出忧国忧民的爱国情怀：

　　嗟夫！予尝求古仁人之心，或异二者之为，何哉？不以物喜，不以己悲。居庙堂之高则忧其民，处江湖之远则忧其君。

岳阳楼古亭

■岳阳楼瞻岳门

是进亦忧，退亦忧。然则何时而乐耶？
其必曰"先天下之忧而忧，后天下之乐而
乐"乎！噫！微斯人，吾谁与归？

　　岳阳楼的建筑构制独特，风格奇异。气势之壮
阔，构制之雄伟，堪称江南三大名楼之首。

　　岳阳楼为四柱三层，飞檐、盔顶、纯木结构，楼
中四柱高耸，楼顶檐牙，金碧辉煌，远远而望，恰似
一只凌空欲飞的鲲鹏。

　　全楼高达25.35米，平面呈长方形，宽17.2米，进
深15.6米，占地251平方米。中部以四根直径50厘米
的楠木大柱直贯楼顶，承载楼体的大部分重量。

　　再用12根圆木柱子支撑2楼，外以12根梓木檐
柱，顶起飞檐。彼此牵制，结为整体，全楼梁、柱、
檩、椽全靠榫头衔接，相互咬合，稳如磐石。

　　岳阳楼的楼顶为层叠相衬的"如意斗拱"托举而
成的盔顶式，这种拱而复翘的古代将军头盔式的顶式

鲲鹏 《庄子》
说有一种大鸟叫
鹏，是从一种叫
作鲲的大鱼变来
的。传说有一大
鱼名曰鲲，长不
知几里，宽不知
几里，一日冲入
云霄，变做一大
鸟可飞数万里，
名曰鹏。后常用
鲲鹏比喻一些宏
伟之事，一句俗
语道："学做鲲
鹏飞万里，不做
燕雀恋子巢"。

结构在我国古代建筑史上是独一无二的。

岳阳楼不只建筑精巧，而且还是一个集对联、诗文及民间故事为一体的艺术世界。12块檀木板组成的木雕屏篆刻着《岳阳楼记》全文，各种对联悬于四壁，长的达100余字，短的只有8个字。雕屏文章、书法、刻工、木料全属珍品，人称"四绝"。

此外，人们把范仲淹作记、滕子京重修岳阳楼、大书法家苏舜钦书写了《岳阳楼记》和雕刻家邵竦篆刻并称为"天下四绝"，并树立了"四绝碑"。

各楼悬挂着原有的木刻匾对，并增刻了名家吟咏岳阳楼的楹联。其中一楼有一副长达102字的对联：

一楼何奇？杜少陵五言绝唱，范希文两字关情，滕子京百废俱兴，吕纯阳三过必醉．诗耶？儒耶？吏耶？仙耶？前不见古人，使我怆然涕下！

诸君试看：洞庭湖南极潇湘，扬子江北通巫峡，巴陵山西来爽气，岳州城东道崖疆．渚者，流者，峙者，镇者，此中有真意，问谁领会得来？

阅读链接

岳阳楼在1700余年的历史中屡修屡毁，又屡毁屡修。几经风雨沧桑，屡毁屡建，有史可查的修葺共30余次。每次重修后，"则层檐冰阁，炎颂于其上，文人才士登眺而徘徊"；圮毁之时，"则波巨浪，冲击于其下，迁客骚人矫首而太息"。

千百年来，无数文人墨客在此登览胜境，凭栏抒怀，并记之于文，咏之于诗，形之于画，工艺美术家亦多以岳阳楼为题材刻画洞庭景物，使岳阳楼成为艺术创作中被反复描摹、久写不衰的一个主题。

金镶玉色的君山银针茶

　　君山银针属于黄茶，是我国十大名茶之一，产于湖南岳阳洞庭湖中的君山，形细如针，故名。

　　君山银针的成品茶芽头茁壮，长短大小均匀，茶芽内面呈金黄色，外层白毫显露完整，而且包裹坚实，茶芽外形很像一根根银针，雅称"金镶玉"。

采茶塑像

　　君山又名洞庭山，为湖南岳阳洞庭湖中岛屿。岛上土壤肥沃，多为砂质土壤，年平均温度16度至17度，年降雨量为1340毫米左右，相对湿度较大，3月至9月间的相对湿度约为80%，气候非常湿润。春夏季湖水蒸发，云雾弥漫，岛上自然环境适宜茶树生长。

君山茶历史悠久，据说君山茶的第一颗种子还是4000多年前娥皇、女英播下的。君山茶唐代就已生产、出名，据说文成公主出嫁时就特选君山银针茶带入西藏。

君山银针原名白鹤茶。据传初唐时，有一位名叫白鹤真人的云游道士从海外仙山归来，随身带了8棵神仙赐予的茶苗，将它种在君山岛上。后来，他修起了巍峨壮观的白鹤寺，又挖了一口白鹤井。

■ 采茶塑像

白鹤真人取白鹤井水冲泡仙茶，只见杯中一股白气袅袅上升，水气中一只白鹤冲天而去，此茶由此得名"白鹤茶"。

又因为此茶颜色金黄，形似黄雀的翎毛，所以别名"黄翎毛"。后来，此茶传到长安，深得天子宠爱，遂将白鹤茶与白鹤井水定为贡品。

有一年进贡时，船过长江，由于风浪颠簸把随船带来的白鹤井水给泼掉了。押船的州官吓得面如土色，急中生智，只好取江水鱼目混珠。

运到长安后，皇帝泡茶，只见茶叶上下浮沉却不见白鹤冲天，心中纳闷，随口说道："白鹤居然死了！"岂料金口一开，即为玉言，从此白鹤井的井水就枯竭了，白鹤真人也不知所踪。但是白鹤茶却流传下来，即是今天的君山银针茶。

君山银针冲泡时，棵棵茶芽立悬于杯中，极为美

娥皇、女英 古代传说中尧的两个女儿。也称"皇英"。长为娥皇，次为女英，姐妹同嫁帝舜为妻。舜继尧位，娥皇女英之其妃，后舜至南方巡视，死于苍梧。二妃往寻，泪染青竹，竹上生斑，因称"潇湘竹"或"湘妃竹"。二妃也死于江湘之间，后世因附会称二女为"湘夫人"。

观的。乾隆皇帝下江南时品尝到君山银针，十分赞许，也将其列为贡茶。

据《巴陵县志》记载：

> 君山产茶嫩绿似莲心。……君山贡茶自清始，每岁贡十八斤。……谷雨前，知县邀山僧采制一旗一枪，白毛茸然，俗称'白毛茶'。

■唐代女子制茶图

淳朴湖湘

湖湘文化特色与形态

后唐 五代之一，李存勖所建，都洛阳，历三姓四帝，共14年。盛时疆域约为河南、山东、山西三省，河北、陕西的大部及甘肃、安徽、宁夏、湖北、江苏的一部分，并占有四川10年，是五代十国时疆域最大的国家。后唐实现了对我国北方的统一，对中原王朝最终统一全国具有历史推动意义。

君山银针的采摘和制作都有严格要求，每年只能在清明前后7天至10天采摘，采摘标准为春茶的首轮嫩芽。而且还规定："雨天不采""风伤不采""开口不采""发紫不采""空心不采""弯曲不采""虫伤不采"等九不采。

该茶叶片的长短、宽窄、厚薄均是以毫米计算，500克银针茶，约需10.5万个茶芽。因此，就是采摘能手，一个人一天也只能采摘鲜茶200克，制作这种茶，要经过杀青、摊晾、初烘、初包、再摊晾、复烘、复包、焙干八道工序，需三四天方可制成。

君山银针以色、香、味、形俱佳而著称。银针茶在茶树刚冒出一个芽头时采摘，经十几道工序制成。内呈橙黄色，外裹一层白毫，故得雅号"金镶玉"，又因茶芽外形很像一根根银针，故名君山银针。

冲泡后，开始茶叶全部冲向上面，继而徐徐下沉，三起三落，浑然一体，确为茶中奇观，入口则清香沁人，齿颊留芳。

君山银针是一种较为特殊的黄茶，它有幽香、有醇味，具有茶的所有特性，但它更注重观赏性，因此冲泡技术和程序十分关键。

冲泡君山银针用的水以清澈的山泉为佳，茶具最好用透明的玻璃杯，并用玻璃片作盖。杯子高度10厘米至15厘米，杯口直径4厘米至6厘米，每杯用茶量为3克，其具体的冲泡程序如下：

用开水预热茶杯，清洁茶具，并擦干杯，以避免茶芽吸水而不宜竖立。用茶则轻轻从茶罐中取出君山银针约3克，放入茶杯待泡。用水壶将70度左右的开水，先快后慢冲入盛茶的杯子，至一半处，使茶芽湿透。

■唐人茶宴图

稍后，再冲至七八分满为止。约5分钟后，去掉玻璃盖片。君山银针经冲泡后，可看见茶芽渐次直立，上下沉浮，并且在芽尖上有晶莹的气泡。

君山银针是一种以赏景为主的特种茶，讲究在欣赏中饮茶，在饮茶中欣赏。刚冲泡的君山银针是横卧水面的，加上玻璃片盖后，茶芽吸水下沉，芽尖产生气泡，犹如雀舌含珠，似春笋出土。

接着，沉入杯底的直立茶芽在气泡的浮力作用下，再次

■ 清代掐丝珐琅茶具

浮升，如此上下沉浮，真是妙不可言。当启开玻璃盖片时，会有一缕白雾从杯中冉冉升起，然后缓缓消失。赏茶之后，可端杯闻香，闻香之后就可以品饮了。

冲泡初始，芽尖朝上、蒂头下垂而悬浮于水面，随后缓缓降落，竖立于杯底，忽升忽降，蔚为壮观，有"三起三落"之称。最后竖沉于杯底，如刀枪林立，似群笋破土，堆绿叠翠，令人心仪。

其原因极简单，不过是"轻者浮，重者沉"。"三起三落"，因茶芽吸水膨胀和重量增加不同步，芽头比重瞬间变化而引起。

最外一层芽肉吸水，比重增大即下沉，随后芽头体积膨胀，比重变小则上升，继续吸水又下降，如此往复，升而复沉，沉而复升。此类现象，其他芽头肥壮的茶也有出现，但不及君山银针频繁。

阅读链接

君山银针芽头苗壮，紧实而挺直，白毫显露，茶芽大小长短均匀，形如银针，内呈金黄色。

饮用时，将君山银针放入玻璃杯内，以沸水冲泡，这时茶叶在杯中一根根垂直立起，踊跃上冲，悬空竖立，继而上下游动，然后徐下沉，簇立杯底。

军人视之谓"刀枪林立"，文人赞叹如"雨后春笋"，艺人偏说是"金菊怒放"。君山银针茶汁杏黄，香气清鲜，叶底明亮，又被人称作"琼浆玉液"。

文苑奇葩

湖湘是我国民族最多的地域之一。在漫长的岁月里，各个民族由于历史沿革、居住地域、生产方式和宗教信仰等的不同，孕育了丰富多彩的传统习俗和民族风情，因此民间艺术异常丰富。

如地方戏剧，涵盖了湘剧、祁剧、湘昆、辰河戏、侗戏、巴陵戏、花鼓戏及阳戏、苗剧、傩堂戏等13个地方剧种。

作为湖湘文化的重要组成部分，湖南舞蹈艺术，具有悠久的发展历史和风情独具的艺术风采。据不完全统计，湖南有近400多个舞种，舞蹈节目多达几千个。

以高腔乱弹为主的湘剧

湘剧表演

湘剧，即湖南省的地方戏曲剧种，流行于长沙、湘潭一带，源出于明代的弋阳腔，后又吸收昆腔、皮黄等声腔，形成一个包括高腔、低牌子、昆腔、乱弹的多声腔剧种。

剧目以高腔、乱弹为主，如《琵琶记》《白兔记》《拜月记》等。

明代成化年间，长沙是吉王府所在地。政治和经济的发展，促进了戏曲演出的繁荣。外来的戏

曲在长期的演出活动中，与本地区民间艺术、地方语言紧密结合，逐渐形成了这一包括高腔、低牌子、昆曲、乱弹四大声腔，唱白用中州韵、富有本地特色的剧种。

高腔源于弋阳腔，明朝嘉靖年间，在徐渭的《南词叙录》已有关于弋阳腔在"两京、湖南、闽、广用之"的记载。

弋阳腔在传入长沙之后，经"错用乡语""只沿土俗"和融合打锣腔等地方音乐，从而在弋阳腔滚唱基础上衍变成湘剧高腔。

从《精忠传》等古老的连台本戏以高腔、低牌子合演的情况看，低牌子的产生年代约与前者同。

昆曲传入长沙时间稍晚，根据"长沙老郎庙班牌"，1664年和1667年，既唱高腔、也唱昆曲的长沙福秀班和老仁和班先后成立。1755年至1763年间的江宾谷所作的《潇湘听雨录》卷三，曾记载湖南布政使杨廷璋陛见时，官场公钱，曾演出昆曲《三多》。这一时期当是昆曲传入长沙的时间。

高腔和昆曲同台演出，直接影响到高腔音乐和表演艺术的发展，使之从偏重大锣大鼓的武戏，变为也唱小锣小鼓的文戏。

秦腔 我国最古老的戏剧之一，秦腔音乐反映了陕甘人民耿直爽朗、慷慨好义的性格，和淳朴敦厚、勤劳勇敢的民风，且较早形成了比较适宜于表现各种情绪变化的板腔体音乐体制，秦腔所到之处，都给各剧种以不同的影响，并直接影响了各个梆子腔剧种的形成和发展，成了梆子腔的鼻祖。

当年老仁和班小生喜保和杜三演唱的《赶斋泼粥》《打猎回书》等高腔戏，也曾经吸收了昆曲表演中许多优美、细腻的做工和舞蹈，在当时也曾名噪一时。

至同治、光绪年间，昆曲逐渐衰落，并退出湘剧舞台。光绪末年，长沙人叶德辉在《和桧门观剧诗》中有"昆山近又无人会，那解寻源白石翁"句，说明当时昆曲在湘剧中的处境。

乱弹又叫作"南北路"。其来路尚无定论，但湘剧吸收了徽班中的《大长生乐》《偷鸡》等一类剧目，并将其曲调称为"安庆调"，其他属于安庆"花部"的《水淹七军》《龙虎斗》《路遥知马力》《王祥吊孝》《李大打更》《困曹府》等，也都是湘剧经常演出的剧目。

徽班源于秦腔的《如意钩》《锁麟囊》，后来也

■湘剧表演

传到湘剧班。此外，湘剧还从汉剧中吸收了《酒毒杨勇》等剧目，可见湘剧的早期发源与徽剧、汉剧都有一定的渊源关系。

南北路声腔的传入，在湘剧舞台上开始出现了高腔和乱弹合演的剧目，如《金丸记》中《盘盒》一折唱高腔，《拷寇》一折唱乱弹腔。

由于高腔和乱弹同台，得以互相借鉴，并且相互促进：高腔吸收了乱弹所长的做工和武打；乱弹则受高腔滚唱的影响，发展

了长段流水，如《斩李广》中连唱48个"再不能"，《程济赶车》中连唱24个"可怜主"等，使湘剧的唱腔和表演艺术又前进一步。

同时，光绪末年京剧流入长沙，此后又有18个京剧艺人在长沙参加湘剧班并同台演出，湘剧艺人又向京剧学习难度较大的武功，在演唱中吸收了京剧的一些花腔。

湘剧发源于明代，至清朝中叶已逐渐形成为多声腔的剧种，又历经变化而形成以高腔和乱弹为主要声腔。

湘剧高腔曲牌有300余支，有南北之分，南曲多于北曲。每支曲牌一般由"腔"和"流"两部分构成。凡属句幅大、旋律强、用人声和打击乐帮钹声作为结尾的乐句称为"腔"。字多声少，朗诵性强，只有鼓、板击节的"滚唱"称为"流"。

即一支曲牌中，在"腔"的前面增加词句，成为长段流水板，可以起到丰富曲文内容和淋漓尽致地表达思想感情的作用。根据调式、

■ 湘剧表演

旋律变化，曲牌功能各异。

高腔的节拍可分两类：一种是整规节拍类型，一种是节拍较为自由的散板类型。板式按习惯称呼有单板、夹板、散板、滚板、快打慢唱、回龙等。

乱弹又称作"弹腔""南北路"，属皮黄系统的板腔体音乐。南路相当于二黄，北路相当于西皮；又各有其反调，称为反南路与反北路，相当于反二黄与反西皮。平板、安庆调、七槌半均归于乱弹腔。南北路声腔的主要区别在于各有不同的基本调式旋法，形成不同定弦。

就节奏和情绪而言，南路流畅委婉，速度缓慢；北路开朗活泼，速度较快；南路反调则凄凉悲愤。唱词基本上为整齐的7字句或10字句，上下乐句反复进行，乐句中又有小停顿，常垫以小过门。一般上下乐句是不可短缺的，但在特殊情况下，也可省去某一尾句，以锣鼓代替，习称"包皮"。

低牌子也是一种联曲体唱腔。曲调形式为三段体，即开始有个"引子"，系散板，速度最慢；主体为三眼板与一眼板或无眼快板，速度平稳；最后曲调急转直下，除用管弦乐伴奏外，加入锣鼓，造成高潮结束，谓之"合头"。但也有不是三段体的，或无引子，或无合头，或仅有主体。

低牌子曲牌也有300多支，分低牌子、番牌子、过场牌子三类。低牌子词格、曲格均与昆曲相同，曲牌名称也大多一样，只是唱法上大同小异，较昆曲粗犷平直。

湘剧角色行当有生、旦、净、丑4行，各个行当又各有若干分支，一般有12行，分别为头靠、二靠、唱工、小生、大花、二花、紫脸、三花、正旦、花旦、武旦和婆旦。各行分别根据所扮人物的身份、生活、性格不同，在年龄、装扮、做派上表现各异，又有不同戏路之分。

生角居各行之首。小生中罗帽、文巾、雉尾、盔靠俱全，有穷、文、富、武四做派。唱用假嗓，念带本音，不掺土语，尤重做工。穷小生戏俗称"烂布子戏"，如《泼粥》中之吕蒙正，《金印记》中之苏秦，

■戏剧

《打侄上坟》中之陈大官等，表演松弛自如，很有生活气息。

又如《打猎回书》中的娃娃生，一段高腔合着一段舞蹈，舒眉亮眼，转带摇翎，抬腿过额，旋步若风，飒飒英姿略带几分稚气，自然而逼真地表现出十五六岁的少年将军天真活泼的性格。

这种高腔与舞蹈紧密结合的表演艺术，传自名小生杜三，后来五云班李芝云、华兴班吴绍芝，都以此驰名。

湘剧在清朝同治、光绪年间，有剧目千余个，内容丰富：有来自北杂剧的剧目，如《单刀会》《诛雄虎》《回回指路》等；有来自早期弋阳腔的剧目，如《目连传》等；有来自弋阳腔和青阳腔的剧目，如《琵琶记》《白兔记》《金印记》等；还有《三国》《水浒》《杨家将》及"三十六按院"的一大批南北路剧目。

淳朴湖湘

湖湘文化特色与形态

阅读链接

湘剧的传统表演艺术，既有丰富的程式，又能突破程式；既有角色分行，又不受行当的局限；而是从生活出发，塑造出不同人物的艺术形象。

如《打雁回窑》，本为正旦唱工戏，却溶进了武旦做工，形象地表现出柳迎春这个富家小姐，在经历十年寒窑生活后的性格变化。

《哭祖庙》本为老生戏，却改用小生扮演，使刘谌这一人物更符合历史真实。《装疯跳锅》中的蒯通，本为老生戏，却改用净角扮演，以写实性的做工，丰富人物的性格。

《空城计》中的司马懿，本为净扮，却改用靠把生角，以达到唱念并重的艺术效果。《八牌庄》中的路遥，《背娃进府》中的表大嫂等人物，泼辣、粗犷、直率、奔放的形象十分鲜明。

唱腔高扬激昂的祁剧

祁剧是湖南地方大戏剧种之一，又称祁阳班子，清末又名"楚南戏"，因形成于祁阳而又得名祁阳戏。

祁剧广泛流行于湖南省的祁阳、衡阳、邵阳、零陵、郴州、怀化等地区，以及广西全州、桂林、平乐、柳州和赣南、粤北、闽西一带。

祁剧比京剧的历史还早400多年，是湖南地方戏曲中流行地域最广、历史最悠久的一个剧种。湖南省八个古老的地方大戏剧种中，只有祁剧占据了永州、衡

■祁剧《昭君出塞》剧照

■ 祁剧表演

永乐（1403年—1424年），明成祖朱棣的年号，前后共22年。期间，定都北京、郑和下西洋、编修《永乐大典》等重大历史事件都发生在这一时期。期间，经济社会得到进一步巩固和发展，全国统一形势得到进一步发展和巩固。

阳、郴州、邵阳、怀化、娄底等大半个湖南省的地盘。

祁剧源于弋阳腔，是明初传入祁阳后与地方艺术相融合，长期演变而逐渐形成的。

据说为明永乐年间，当时弋阳腔随江西移民传至祁阳，逐渐传播，从而地方化。明代成化年间，弋阳诸腔与当地丰富的民间艺术相结合，逐渐地方化，形成了祁阳一带的高腔。

明代万历年间，昆腔风靡全国后，祁阳一带的戏曲又吸收了昆腔和昆腔剧目；清代康熙后，祁剧先后融汇徽调、汉调和秦腔而形成弹腔。随着声腔的增多，祁剧剧目、表演艺术日益丰富，逐渐发展成为一个以弹腔为主的多声腔剧种。

弋阳腔最早的剧目是《目连传》，其被称为祁剧高腔之祖。祁剧在明代后期，已成为湖南流行较广的剧种。据清代《祁阳县志·艺文志》记载，明朝末期，祁阳地方已经有了较为健全体制的戏班活动。

到了清代康熙、乾隆年间，社会太平，经济繁荣，人民安居乐业，官场选伎征歌，民间酬神演戏，一时成为社会时尚。

这一时期，祁剧社有较大的流传和发展，向外遍及广西、广东、江西、福建等省。祁剧著名班社在清嘉庆年间有吉祥班、老四喜班等。咸丰、同治以后，祁剧有了全面的发展，众多新剧社、剧目和名家不断涌现。

乾隆年间有诸如庆芳班、瑞华班、新喜堂班等，光绪年间著名班社有荣庆班、老永和班等。清朝末年的四喜班、荣庆班、老永和班和天仙园，合起来被称作"四大名班"。

清末，江西、福建等地称祁阳戏为"楚南戏"，兼有高、昆、弹三种声腔，分为永河、宝河两大流派，艺术特点高亢、粗犷，带有浓郁的山野气息。但舞台语言，统一用经过规范化的祁阳官话。

演唱时，永河派由鼓师帮腔，宝河派用唢呐帮腔，声调高扬、激越。祁剧剧目繁多，曲牌丰富，是弹腔为主的多声腔的湖南大戏种。

祁剧的流布区域较为广泛，除湖南的衡阳、零陵、怀化、邵阳、郴州等地区拥有祁剧演出班社之

123

百花齐放

文苑奇葩

■ 祁剧表演剧照

■ 祁剧花脸形象

同治 *清穆宗爱新觉罗·载淳的年号，时间为公元1862年至1875年，前后共13年。期间采用洋务派"自强"和"求富"的方针，开办新式工业，训练海军和陆军以加强政权实力，又支持顽固派对洋务派进行牵制，以加强深宫集权。被清朝统治阶级称为"同治中兴"。*

外，不少祁剧班社还到外省演出，足迹流布桂、粤、赣、闽、滇、黔诸省。

在演出过程中，祁剧与桂剧、粤剧、闽西汉剧、广东汉剧等地方戏曲剧种，相互学习，相互促进，既扩大了祁剧的影响，又丰富了自己的艺术表现形式，推动了地方戏曲艺术的发展。

清代同治年间，左宗棠带兵打仗，曾经带着祁阳班子跟随军队，把祁剧带领着一路唱到了新疆。民间有"祁阳子弟遍天下"之言，祁剧盛极一时。

祁剧的唱腔高扬激昂，传统的唱法除了旦角和丑角用真声外，其他的行当均讲究用"雨夹雪"，即真假声结合的方式。演唱要求严格，咬字则要注重表现单、双、空、实，出音则讲究抑、扬、顿、挫，务求要做到字正、音清、腔圆。

在表演艺术上，祁剧具有粗犷、夸张、朴实的特点，动作讲究眼、鼻、胸、手指、脚尖的配合一致和匀称协调，必须符合一定的规格，称为"归子午"。

祁剧表演有一套本剧种特有严格程式：例如"亮相"就规定要在撩袖、抖袖、整冠或者整鬓之后再进行；"开衫子"则可以分为全衫子和半边衫子；表现将校辕门侯差和武将出征前的战斗准备，动作程序繁杂，规格严谨，难度很高。

祁剧现行的角色行当可以分为生角、小生、花脸、丑角、正旦、小旦、老旦七行。除老旦在重头戏中较少外，其他各行当又因扮演不同类型的角色分成若干戏路。

其中正生包括白须、花须、青须；花脸包括整个净行角色；丑角有文丑和武丑之别。每个戏班的正旦和老旦只有一个，其他各行都有多人。

祁剧的各行当角色的指、眼、步和身段，都各自

净行 我国戏曲行当的一种，又称"花脸""花面"。主要扮演在性格、品质或相貌等方面具有突出特点的男性人物。面部化妆勾画脸谱，演唱时运用宽音和假音，表演动作幅度大，以突出其性格、气度和声势。净分文净与武净，细划分则有铜锤花脸、黑头、老脸、奸白脸、架子花脸、武花脸等。

■ 祁剧《昭君出塞》

淳朴湖湘

湖湘文化特色与形态

■ 祁剧武打场面

月琴 是从阮演变
而来的乐器。自
晋代起就在民间
流行，约从唐代
起就有月琴这个
名字，取其形圆
似月、声如琴。
汉时称秦琵琶，
唐朝武则天时称
其为阮咸。到了
清代，月琴就与
阮完全不同了，
琴杆缩短为琴
颈，演变成为后
来的式样。

有一套技法：要求花脸过头、须生平眉、小生平肩。
例如花脸一般讲究眼珠的滚动和脸部肌肉的颤动；旦
行讲究柔软放松的"棉花身段"等。

祁剧在表演工夫上特别重视腕子功，要求能做到
倒掌，即手掌向外，手指能碰到手臂，转动灵活，耍
出各种"腕子花"样式，做到柔弱无骨、转动灵活。

眼神表情也有多种多样，表现吃惊或者焦急时用
"斗眼"，表现发怒或者威胁时用"瞪眼"，表现沉
思时用"梭眼"，表现气愤时用"睁眼"，表现左右
看人用"分眼"，表现人之将死用"阴眼"，表现人
之喜爱多情用"俊眼"等。

祁剧的表演艺术多从生活出发，加以舞蹈化的发
展。除此之外，祁剧尚有许多独特的表演技巧，如跑
马的舞蹈，习惯上称作"马路"，就有几十种不同的
舞蹈动作，不但表演逼真，而且十分优美。同时又融

合和吸收了拳击、舞剑等民间武术，因而更具有乡土特色。

脸谱一般只用红、黑、白三色，多注重眼、鼻、口的勾画，线条刚劲有力。

祁剧伴奏的乐器则主要为祁胡、月琴、三弦、板胡四大件，祁胡伴奏用的琴筒一般用楠竹制作而成，一般小而长，筒口成喇叭形，琴柱内装上铁条，琴弓内藏铁丝，其音阶高扬嘹亮。在打击乐器方面，有特制的高音战鼓和帽形噪鼓以及宽边的大锣和大钹等。

祁剧传统剧目据统计有大小戏893本，其中80%为弹腔剧目。高、昆整本戏《目连传》《精忠传》《观音戏》《夫子戏》四大部，称为祁剧"正高""正昆"代表剧目。

其他属于明清传奇的高腔、昆腔戏，则被称为"耍高""耍昆"。"耍高"剧目有《琵琶记》《金印记》《投笔记》《一品忠》等；"耍昆"剧目有《鹿台饮宴》《卸甲封王》《别母乱箭》《藏舟刺梁》《劝农赏花》等。

弹腔戏大多搬演《三国》《水浒》《杨家将》等历史故事，以及部分神话传说和公案戏。经过整理较有影响的传统剧目有《昭君出塞》《牛皋毁旨》《闹严府》《泗水拿刚》等。

阅读链接

在湖南祁剧界，艺人们有"三去赣南"之说，第一批在乾隆时期；第二批是同治末年的仁和班；第三批是清朝末的年福兴班。

道光帝时期，艺人龙明信带领的新福祥班在江西宁化名噪一时。后来，祁剧第一个女子科班丽华班在祁阳洪桥创办。

旋律流畅明快的花鼓戏

　　湖南花鼓戏是湖南最著名的戏种，是湖南各地花鼓戏流派的总称。由于流行地区不同而有长沙花鼓戏、岳阳花鼓戏、衡阳花鼓戏、邵阳花鼓戏、常德花鼓戏、醴陵花鼓戏等六个流派之分，都各具不同

湖南花鼓戏剧人物

的艺术风格。

特别是唱遍大江南北、风靡海内外的湖南花鼓戏名剧《刘海砍樵》，其脍炙人口的"比古调"唱段，深受全国各地的人民群众喜爱。

花鼓戏源出于民歌，逐渐发展成为一旦一丑演唱的花鼓戏初级形式。清嘉庆年间刊行的《浏阳县志》谈及当地元宵节玩龙灯情况时说道：

■祁剧人物

> 又以童子装丑旦剧唱，金鼓喧阗，自初旬起至是夜止。

说明一旦一丑演唱的花鼓戏"地花鼓"，最迟在清嘉庆年间已经形成。

又据杨恩寿《坦园日记》记载，1862年，杨恩寿在湖南永兴观看的"花鼓词"中，已有书生、书童、柳莺、柳莺婢四个角色，而且情节与表演都较生动，说明这时的花鼓戏不但已发展成"三小"戏，而且演出形式也具有一定规模。

从声腔和剧目看，初期花鼓戏以民间小调和牌子曲演唱边歌边舞的生活小戏，如《打鸟》《盘花》《送表妹》《看相》等。后来，"打锣腔"与"川调"传

衡阳 地处南岳衡山之南，因山南水北为"阳"，故得此名。因"北雁南飞，至此歇翅停回"，栖息于市区回雁峰，故雅称"雁城"，为我国南方军事、工业、交通、商贸、科教区域性中心城市。历来为中南重镇、湖湘文化发源地与湘军发祥地。

■ 湖南花鼓戏

光绪 清德宗爱新觉罗·载湉的年号，清朝第十一位皇帝。光绪帝一生受慈禧太后掌控，未曾掌握实权。1898年，光绪帝实行"戊戌变法"，但却遭到以慈禧太后为首的保守派的反对。光绪帝打算依靠袁世凯囚禁慈禧，但反被袁世凯出卖，从此被慈禧幽禁在中南海瀛台。整个维新不过历时103天，故称"百日维新"。1908年11月14日光绪帝病死，享年38岁，葬于清西陵的崇陵。

人，才逐渐出现故事性强的民间传说题材剧目。

打锣腔主要剧目有《清风亭》《芦林会》《八百里洞庭》《雪梅教子》等，川调主要剧目有《刘海戏蟾》《鞭打芦花》《张光达上寿》《赶子上路》等。这样，便形成了艺术上比较完整的地方剧种了。

早期的花鼓戏，只有半职业性班社在农村作季节性演出，农忙务农，农闲从艺。光绪以来，这种班社发展较快，仅宁乡、衡阳两县就有几十副"行箱"，艺人近200人。

当时训练演员采取随班跟师方式，也有收徒传艺的，称"教场"或"教馆"，每场数十天，教三四出戏。过去，由于花鼓戏经常遭受歧视和禁演，各地花鼓戏班都曾兼演当地流行的大戏剧目以作掩护，这种戏班称"半台班"或"半戏半调""阴阳班子"。

各地花鼓戏的传统剧目约有四百多个，音乐曲调三百余支。音乐主要是以极具地方特色的湖南花鼓大筒以及唢呐、琵琶、笛子、锣鼓等民族乐器作伴奏。曲调活泼轻快，旋律流畅明快。

根据曲调结构、音乐风格和表现手法的不同，可分为川调、打锣腔、牌子、小调四类：

川调：又称正宫调，即弦子调，大筒、唢呐伴奏，曲调由过门乐句与唱腔乐句组成，调式、旋律变化丰富，是花鼓戏的主要唱腔。

打锣腔：又称锣腔，曲牌连缀结构，"腔""流"结合，不托管弦，一人启口众人帮和，有如高腔，是长沙、岳阳、常德花鼓戏主要唱腔之一。

牌子：有走场牌子和锣鼓牌子，源于湘南民歌，以小唢呐、锣鼓伴奏，活泼、轻快，适用于歌舞戏，是湘南诸流派主要唱腔之一。

小调：有民歌和丝弦之分，后者虽属明、清时调小曲系统，但已地方化。各种形式的曲调，都具有粗犷、爽朗的特点。

湖南花鼓戏虽说后来发展有了生、旦、净、丑诸

唢呐 最初的唢呐是流传于波斯、阿拉伯一带的乐器。唢呐大约在公元3世纪在我国出现，新疆拜城克孜尔石窟第38窟中的伎乐壁画已有吹奏唢呐形象。在700多年前的金、元时代，传到我国中原地区。唢呐史料始见于明代。唢呐发音开朗豪放，高亢嘹亮，刚中有柔，柔中有刚，是深受广大人民喜爱和欢迎的民族乐器之一。

131

■湖南花鼓戏

百花齐放

文苑奇葩

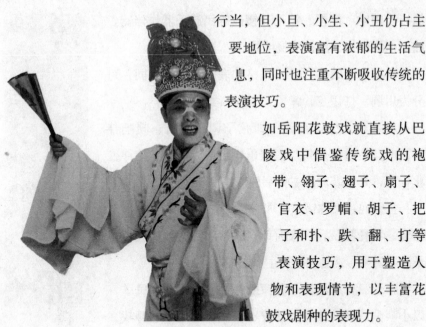

行当，但小旦、小生、小丑仍占主要地位，表演富有浓郁的生活气息，同时也注重不断吸收传统的表演技巧。

如岳阳花鼓戏就直接从巴陵戏中借鉴传统戏的袍带、翎子、翅子、扇子、官衣、罗帽、胡子、把子和扑、跌、翻、打等表演技巧，用于塑造人物和表现情节，以丰富花鼓戏剧种的表现力。

■ 花鼓戏丑角

花鼓戏的表演艺术朴实、明快、活泼，行当仍以小丑、小旦、小生的表演最具特色。小丑夸张风趣，小旦开朗泼辣，小生风流洒脱。

花鼓戏步法和身段比较丰富，长于扇子和手巾的运用，拥有表现农村生活的各种程式，诸如划船、挑担、捣碓、砍柴、打铁、打铳、磨豆腐、摸泥鳅、放风筝、捉蝴蝶等。后期由于剧目的发展，表演艺术也有所丰富，如吸收了兄弟剧种的一些毯子功和把子功，充实了武功表演。

后来，花鼓戏的行当分工也更趋细致，不但由"三小"发展到生、旦、净、丑，而且"三小"中也有更细的分工。以长沙花鼓戏为例，小丑又分褶子丑、短身丑、官衣丑、烂布丑、奶生丑；小旦又分正旦、二旦、花旦、闺门旦；小生又分正小生、风流小

把子功 戏曲演员的基本功之一。主要是为演员在武戏中表现打斗场面而学习和训练的技巧和套路。把子，指刀、枪、剑、戟、棍、棒、锤、斧、鞭、铜、叉等各种兵器。各种把子有各种把子的程式套路。只有学好这些程式套路，才能在舞台上进行默契的对打。

生、武小生、烂布小生、奶生子等。

湖南花鼓戏由于地域声腔以及民俗乡音等各方面的差异，分为长沙花鼓戏、岳阳花鼓戏、常德花鼓戏、衡阳花鼓戏等。均以长沙官话为统一的舞台语言，各有代表性剧目和音乐声腔。

长沙花鼓戏流行于长沙、湘潭、株洲、宁乡、浏阳、平江等地，是湖南花鼓戏流行最广，影响最大的一个花鼓戏剧种。早在清代中叶就在这些地方流行开来，盛演不衰。

长沙花鼓戏主要声腔是"川调"，为大部分剧目所采用。因伴奏用丝竹乐器，民间称它为"弦子腔"。主要剧目有《盘夫》《祭塔》《捉蝴蝶》《放风筝》《梁祝哀史》《白蛇传》《菜园会》《讨学钱》《芦林会》等。

长沙花鼓戏的传统剧目中，有大量的小戏和折子戏，是最有特色和具有代表性的剧目。 小戏包括"对子戏"和"三小戏"。

小戏大都是在山歌、渔歌、小调、地花鼓、竹马灯等的基础上发展形成的。折子戏则是大本戏中经常作为单独演出的，都是长沙花鼓戏中最流行的剧目。

重点的有《刘海砍樵》《芦林会》《阴阳扇》《南庄收租》《刘

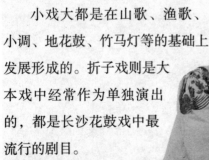
■ 湖南花鼓戏

过门 贯串连接曲首、曲尾和句、逗之间唱腔中断处的器乐伴奏。古老剧种如昆曲均不用过门。自明末清初"时尚小令"用于戏曲以及梆子、皮簧等板式变化体剧种出现后，才有伴奏过门的运用，并成为戏曲音乐的一个重要组成部分。

长沙花鼓戏的伴奏乐队，分文武场面。文场有大筒、唢呐。大筒是主要乐器，形似二胡，以竹筒蛇皮制作，音色清亮而浑厚，伴奏时用于托腔保调；唢呐分大唢呐和小唢呐，主要用于吹奏过门。武场有堂鼓、大锣、大钞、小钞和小锣。击拍的是长方形的梆子"可子"。

长沙花鼓戏演出剧目较多，保留下来的共有336个。这些剧目大多为劳动人民和艺人集体创作，故事多取自民间传说、神话故事、通俗话本和社会生活；描写对象多为劳动人民、书生公子、官吏商贾，但以渔、樵、耕、读为主。

表现内容上多为反封建伦理道德、追求婚姻自由，要求个性解放，提倡朴素的伦常美德，惩恶扬善，歌颂劳动人民的生活和理想。

淳朴湖湘

湖湘文化特色与形态

■ 岳阳花鼓戏

在表现形式上，长沙花鼓戏剧目大多以载歌载舞、短小精悍见长，特别是那些生活气息浓郁，轻松活泼的喜剧和嬉笑怒骂、泼辣热闹的闹剧都很受观众的欢迎。

剧本语言生动，从民谣、民歌、俗语、歇后语中提炼对白和唱词，有时甚至就以极其朴素的生活语言入戏，通俗易懂，皆大欢喜。

表演上既承袭了民间歌舞中的扇舞、手巾舞、矮子步、打花棍、打酒杯等表现手法，又从劳动生活中提炼了一些表现力极强，特色鲜明的表演程式，如犁田、使牛、推车、砍柴、绣花、喂鸡、纺纱等，惟妙惟肖，美不胜收。

■ 湖南花鼓戏剧照

岳阳花鼓戏源于临湘花鼓戏，流行于岳阳、汨罗、临湘及湖北通城、崇阳等地。清代嘉庆《巴陵县志》就有在巴陵一带农村演花鼓戏之盛的记载。

从音乐来说，岳阳花鼓戏主要声腔叫"琴腔"。"琴腔"受汉调影响是很明显的。岳阳花鼓戏有不少剧目也是以"琴腔"为主的，所以它流传到鄂南的通城、崇阳演出时，因音乐同源，语言相近，深受当地群众喜爱，逐步形成了一个当地的新剧种，称其为"提琴戏"。

采茶灯 歌舞形式，源于劳动人民采茶活动，表现人们上山采茶过程中欢乐的心情。采茶灯的音乐旋律、伴奏锣鼓、舞蹈语汇、队形变化有其鲜明的艺术特点和个性特征，基本舞步风格独特，其步伐轻盈、细碎、身体挺拔，在我国东南沿海地区广泛流行。

岳阳花鼓戏主要剧目有《思夫》《补背褡》《芦林记》《双盗花》《双卖酒》《牛郎织女》等。

常德花鼓戏主要流行于常德、桃源、汉寿、临澧、大庸、慈利一些地方。它源于民间的"采茶灯""车儿灯"，清末流入城市。

宣统年间《长沙日报》就有常德禁花灯戏的记载，正因为此，才迫使后来花鼓戏班与汉班合演，在合演中直接受到常德汉剧的影响。

常德的音乐也是"川调""打锣腔"和"小调"。主要剧目有《林英观花》《跳粉墙》《拣菌子》《双下山》以及从《红楼梦》中改编的《尤二姐之死》。

衡阳花鼓戏是一种流行于湘南地区的民间小戏剧种。各地的名称不同，在衡阳、衡南、耒阳、常宁一带称之为"马灯"，攸县、茶陵一带称为"地花鼓"，安仁一带称为"花灯"，永兴江左一带也叫"花灯"，江右则叫"唱调"。

阅读链接

湖南花鼓戏除声腔音乐外，不少传统剧目是从汉剧搬过来的，据说有几百个，如《宋江杀惜》《梅龙戏凤》《关王庙烧香》《槐荫送子》《清风亭》《赶潘》等。

岳阳花鼓戏、长沙花鼓戏成为独立戏曲剧种，最早演出是情节性不太强的"二小"，即一旦一生、"三小"即一旦一生一丑的"三小"歌舞戏，多用当地小调，后受汉剧和其他剧种影响搬演情节性强、人物较多的剧目。

乡土气息浓郁的常德丝弦

　　常德丝弦是湖南曲种湖南丝弦的重要分支，因在湖南丝弦中最为发达，影响最大，已然具有了独立曲种的地位。

　　流传于湖南各地，演唱时用扬琴、琵琶、三弦、胡琴等丝弦乐器伴奏而称之为丝弦，还因用常德方言演唱，故称常德丝弦。

　　常德是湘楚文化的重要发源地之一，自古以来歌舞之风颇盛，

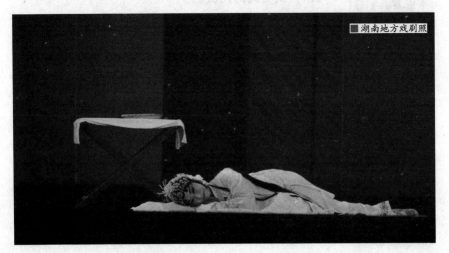

■湖南地方戏剧照

■ 湖南地方戏剧照

淳朴湖湘

湖湘文化特色与形态

亦是名人雅士荟萃之地，素有"文物之邦""人文渊
薮"的美誉。

地方文化一直受到文艺巨匠们的影响和培育。屈
原、王安石、陆游、袁宏道等人曾在这里留下不少传
世之作，为常德文化添加了绚丽的色彩，使本地歌舞
习俗升到更高的档次。

据《常德府志》记载，自晋陶渊明的《桃花源
记》传世以来，历代文人雅士如唐刘禹锡、宋苏轼等
也多次会聚桃花源，他们的诗文很近似于常德丝弦的
唱词。此后，《桃花源记》被常德丝弦的艺术家们认
为是常德丝弦早期的唱词的雏形。

宋元时期，常德城市的经济进一步繁荣，各地商
贾云集，随同而来的江浙乐师、歌女等往返于沅澧之
间，他们带来的时令小曲也在滨湖地区逐渐传播。

元末，大量外地人涌入常德，使各地的民间艺术广为交流。王府的娱乐活动，对民间歌舞曲艺的发展无疑也有着重大的影响。

在这样的环境之中，逐步形成了常德丝弦这一独特的地方曲种。它上承唐代诗文，有说有唱的形式，借鉴诸宫调、元杂剧、昆曲的音乐格局，从本地及外省的民歌小调、时令小曲中吸取营养，兼容并蓄，用通俗易懂的常德方言演唱。

清代中叶以后，由于商业的繁荣，常德的文化艺术也得到了较大发展，常德丝弦的演唱活动逐渐由文人雅士的自娱自乐走向市场，加上常德人具有大碗喝擂茶的习惯，于是，常德丝弦在茶社中找到了孕育的契机。商贾老板为了招揽生意，热闹门面，纷纷邀请丝弦艺人演唱，以示祝贺。

随着丝弦艺术的日益流行，道光年间，已有以演唱小曲为业的歌妓。丝弦班社在各地纷纷出现，并涌现出一批有建树的丝弦艺人，他们与文人墨客一起整理编写丝弦唱本。其中最有影响的是贺小昆，经他整改并流传下来的传统曲目有《双下山》《二度梅》《黛玉葬花》等十多个。

清末，丝弦的木刻唱本已在常德肖福祥商号问世，常德、澧县等地形成了作坊刻印唱本的一条街，所刻唱本有

■丝弦演奏塑像

诸宫调　在宋、金、元时期的一种大型说唱文学，是从变文和教坊大曲、杂曲的基础上发展而来的，因集若干套不同宫调的曲子轮递歌唱而得名。有说有唱，以唱为主。又因为它用琵琶等乐器伴奏，故又称"弹词"或"弦索"。为后世戏曲音乐开辟了道路，也为我国戏曲艺术的成熟奠定了基础。

百花齐放

文苑奇葩

《孟姜女寻夫》等曲目及一些小调曲牌，这些刻本被称之为"调子书"或"堂班调"。从此，常德丝弦曲牌在大街小巷流传开来。

清末，西方音乐和京剧的传入对常德丝弦音乐的发展产生过一定的影响。这时丝弦演唱活动由城市向农村辐射。

为适应长时间演出的需要，丝弦艺人把眼光投向了戏曲，他们移植剧目，并借鉴戏曲板腔体的唱腔手法，形成了常德丝弦"老路"，轻松地演唱起长篇故事。

丝弦名家徐梅清等人又把从四川传来的曲调加以改造，仿效"老路"另创"川路"新腔，使丝弦音乐的板腔体更为完善，并风行于沅澧。

常德丝弦音乐结构的完整，演唱方法的独特，表演形式的灵活自由，伴奏手法的丰富多彩，使之具有了独特的韵致与感人的魅力，因而历久不衰，深受人们喜爱。

常德丝弦音乐具有相对完整的体系，其音乐功能也有独到之处，它有叙述与抒情相结合的特点，既能表现历史故事，又能说唱民俗民风。

而且在唱腔与演唱中都以

■ 湖南地方戏剧照

■湖南地方戏剧照

传情达意为主，特别讲究"说中有唱，唱中有说，腔从字出，音随韵转"的润腔方法，在强调口语化、说唱化的同时，注重旋律的优美，俏丽和抒情性。

在传统的常德丝弦音乐中，有300多首曲调，多取材于历史故事和民间传说。它分为曲牌体、板腔体和混合体三种。

曲牌体，又惯称牌子丝弦，是一种把众多具有完整、独立内容的曲牌，连接起来反映一个共同主题的套曲体音乐，是常德丝弦演唱中最最常见的形式。

常用曲调100多个，这些不同内容、不同风格、不同技巧的曲调，通过长期的演唱实践，充分展示了各自的特色与风采。

这些曲调之中，有些既可与别的曲牌连缀又可单独进行演唱，有些只适合单独进行演唱，但绝大多数的曲牌是与其他曲调连缀而发挥出良好的总体功能。

孟姜女 并不姓孟，"孟"为"庶长"的意思；"姜"才是其姓氏。"孟姜女"实际的意思是"姜家的大女儿"；而且，孟姜女不是单指一个人，而是一类人的通称。"孟姜"一般称齐国国君之长女，亦通指世族妇女。还有一种说法：姜本是美女的意思，古时对有地位身份的男性尊称子，对有地位身份的女性尊称姜，就像古代的武姜、齐姜、宣姜、文姜一样，孟姜也是如此。

■ 丝弦戏表演蜡像

由于采用若干个不同旋律、不同结构、不同节奏，甚至不同调性的曲调进行演唱，极大地丰富了音乐的表现力，从而达到了较完美的艺术效果。

板腔体，又惯称板子丝弦，是一种不受曲调限制而具备戏曲音乐特点的板腔体音乐，是常德丝弦音乐的重要组成部分。它拥有系统完整的唱腔并具有情真意切的感染力，是演唱大型丝弦戏必不可少的基本音乐。

板子丝弦它包括"老路"和"川路"两种声腔。"老路"大多深沉浑厚，雄壮激荡；"川路"一般明朗宽阔，苍劲有力。

除此之外，还有混合体，是指在一个曲目中既有曲牌体音乐，又有板腔体音乐，或曲牌与一种板式混用，或"老""川"等各路的多种板式和一个或多个曲牌混用。这种结构多用于中、长篇曲目。

在常德丝弦音乐中，无论是短篇、中篇还是长篇，无论是曲牌体、板腔体、混合体，都很讲究"起、平、落"的结构原则。其音乐旋律以五度跨越为特色。

常德丝弦的句式结构多为二句体、四句体和长短句三种。二句体在曲牌体曲调中极为普遍，板腔体都

茶馆 我国的茶馆由来已久，据记载两晋时已有了茶馆。自古以来，品茗场所有多种称谓，茶馆的称呼多见于长江流域。两广多称为茶楼，京津多称为茶亭，此外，还有茶肆、茶坊、茶寮、茶社、茶室、茶屋等称谓。

是以上下句为基本结构原则构成的。四句体通常按起承转合原则构成音乐段落，是曲牌体曲调中较为常见的结构形式。长短句体随曲牌句式的结构而变化。

常德丝弦调式多变，色彩各异。曲牌体音乐以徵调式、商调式、宫调式、羽调式为多见，角调式较少见。

常德丝弦采用以常德老高山街为中心的常德方言演唱，不仅南方人听得清楚，北方人也能听懂。它的演唱既符合广大人民群众的审美习惯，又别具一格。

常德人说自己的方言就像是在唱歌，尤其女子，语气温柔而婉约，像微风拂面。因此，有人说"常德丝弦的音乐是语言化的音乐，语言却又是音乐化的语言"。"咿儿哟，呀咿哟"这两句耳熟能详的衬词则仿佛是给常德丝弦贴上了一个标签，放在哪里都一目了然。

常德丝弦在强调口语化、说唱化的同时，更注重旋律的俏丽、抒情和音乐性，使行腔柔和、秀丽、婉转，或欢快、跳跃、诙谐。艺人认为，"咬字千斤重，听者自动容"。艺人讲究"腔从字出，音随韵转"，使旋律更显得活泼而端庄。

由于方言及艺人的爱好与兴趣和剧情发展的需要等因素，同一曲牌同一曲目，不同的艺人会唱出不同的韵味，产生同曲异工的效果；甚至是同一曲牌同一曲目，由同一艺人演唱，也可能会在以字行腔时采用不同的抑扬顿挫的手法，通过润腔，求得曲调旋律的变

起承转合 民族曲式结构原则之一。起部即呈示，主题最初陈述；承部即巩固，通过重复或变化重复来巩固主题；转部即发展，发展主题，具有较大的不稳定性；合部即结束，结束全段音乐。

■ 丝弦戏表演蜡像

百花齐放

文苑奇葩

化。艺人们不同的演唱特点，逐渐形成了不同的风格流派。

常德丝弦传统的演唱方法十分讲究自弹自唱，一人多角，要求演员有甜脆，圆润的嗓音，加之与剧情中人物性格相适应的润腔手法，通过声腔变化说唱故事，刻画各种人物。

根据说唱、叙述故事的需要，演员要能随时进入角色，即"进进出出"，时而是说唱者，时而又要扮演剧中的人物。

■ 丝弦乐器琵琶演奏

琵琶 一种传统的弹拨乐器，已经有2000多年历史。最早被称为"琵琶"的乐器大约在我国秦朝出现。"琵琶"二字中的"珏"意为"二玉相碰，发出悦耳碰击声"，表示这是一种以弹碰琴弦的方式发声的乐器。"比"指"琴弦等列"。"巴"指的是这种乐器总是附着在演奏者身上，和琴瑟不接触人体相异。

常德丝弦历来有不少功力深厚的演唱者，通过他们不断传承和发展，使常德丝弦朗朗上口，又易唱，易记，易学，为群众所喜爱。

常德丝弦的传统演唱形式是坐唱，大都是演唱有故事、有人物的长段丝弦，演唱者一般为6人。

演出时很讲究坐的位置，艺人有"扬琴对鼓板，高胡对二胡，三弦对琵琶"之说。表演者要能自拉自唱，一人多角，用声腔塑造生、旦、净、丑各类人物、说唱故事。

演唱曲目中的角色多于演唱者时，则每个人除担任一个主要角色外，再分别兼任。常德丝弦演唱的地点一般是屋场、厅室及茶馆等。

常德丝弦用的主要伴奏是胡琴，这种胡琴的琴筒大于一般的京胡，小于二胡，澧县地区则用四胡作为主奏乐器。有时以节目的需要，也有用京胡或高胡的。

常德丝弦用的传统板鼓是一种特殊的小板鼓，其形似倒扣的饭钵，用大竹兜做成。

后来，丝弦加进汉剧和花鼓戏的锣鼓打击乐，用在过场音乐中，以渲染气氛。

在丝弦唱腔的伴奏中，常有托腔、裹腔、衬腔、垫腔和加花等五种基本方法。

湖南地方戏剧人物

常德丝弦拥有100多个传统曲目，其中优秀传统曲目《宝玉哭灵》《鲁智深醉打山门》《双下山》《王婆骂鸡》《昭君出塞》等历来为广大群众所喜爱。

阅读链接

随着时代的不断向前推移和人们对文化生活的日益追求及欣赏鉴别水平的不断提高，常德丝弦的演唱艺术也不断改革，发展日趋成熟，演唱形式也渐趋多样化。

不仅有单人演唱、双人演唱、群唱、表演唱等，而且还作为丝弦戏搬上了舞台。自清末开始，就有丝弦艺人进行"挂衣登台"的尝试。

丰富多彩的民族民间歌舞

　　湖南民族民间舞蹈，历史悠久，源远流长，是湖南各族人民群众共同创造的结晶。据统计，湖湘地区有舞蹈种近400个，舞蹈节目数以千计，丰繁多样，异彩纷呈。

　　不仅真实反映了人们现实生活，表现人们对生命的强烈渴望和追求，而且通过纯朴古老的艺术手段，做到了内容与形式的完美统一。

　　生产劳动是人们最基本的实践活动。在湖南民族民间舞蹈中，很多节目由唱词到动作，直接地反映了人民的劳动生活，如地花鼓、花灯中表现劳动生活的节目，就有《十二月采茶》《采茶灯》《打阳春》等。

■湖南少数民族舞蹈

"赶起牯牛背起耙，背篓放上锄头把，年年有个四月八，割了麦子种棉花"，反映农民在"四月八"这农业季节中劳动的繁忙情景。

流行于芷江、攸县等地的"三打三"，以劳动和劳动对象为主要表现串联的节目，它以劳动作为舞蹈语言，以劳动工具为表演道具，通过敲打柴刀、扁担的动作，表现农民上山砍柴打樵的劳动生活。

土家族的《摆手舞》、瑶族的《长鼓舞》，从砍火畲、种苞谷、插秧、开荒、种树、伐木、建房等劳动生产中直接提炼舞蹈动作，表现了农业劳动的生产过程。

其他如《春牛舞》，则通过人和牛在田间耕作的动作，描述了人们因勤于耕作而得到丰收的快乐心情。

爱情是一个古老而永恒的主题。在古代，男女婚姻都受着"父母之命，媒妁之言"的束缚，青年们渴望婚姻自主，向往自由恋爱的幸福生活。

因此，以爱情生活为题材，倾吐和抒发青年男女恋情的节目，在湖南民族民间舞蹈中也占有很大的比重，如《十月望郎》《摘菜苔》《送荷包》《瞧干妹》等。

人们用"俗谣俚曲"的形式，运用地方方言，借助质朴自然、诙谐明快的民间语汇，表达他们渴望婚姻自主的心愿。

　　《伴嫁舞》是流行于湖南郴州地区的一种舞蹈，它是以13个不同的故事情节，通过13个不同形式的舞蹈片断，串联起来的民间歌舞。它倾诉了妇女出嫁前后的复杂心情，具有鲜明的反封建性质。

　　该地每当姑娘出嫁的前一两天，姻族戚友就汇集一起，唱《伴嫁歌》，跳《伴嫁舞》。歌舞内容都是反映妇女的劳动生活，控诉封建礼教的迫害，倾诉妇女苦难的遭遇以及童养媳的凄楚，哭嫁、怨娘、骂媒，其词其调，哀痛苦酸，怨恨交织，以哭带唱，唱中有哭，配以低回、缓慢的舞姿，愁惨悲切，断人肝肠。

　　受楚文化影响的湖湘地区，人们虽然比较注重世俗生活，讲究经世致用，但是人们追求理想的精神并不比其他地区、民族逊色。

　　为一个新生命的降生而欢呼，为一个灵魂进入天堂而祈祷，为一对新人的美满婚姻而祝福，湖南民族民间舞蹈艺术以其特有的民族风格，把人们追求理想、追求永恒的精神，表现得淋漓尽致。

　　炎帝，传说为上古帝王神农氏，是继女娲后为天下共主。在湖南炎陵县城西处，有一座炎帝陵，每年10月人们都要在这里举行盛大的炎帝祭祖大典，在大典上人们载歌载舞，表达了对祖先的崇敬。

在歌舞中，人们奋力击鼓来控制众多舞者的节奏，其鼓棒长不过30厘米，直径约1厘米，表面还配以各种色彩条纹。

显然，这鼓棒不是一种简单的击打工具，而是生殖力的象征，具有创建生命的奇特的象征意义，体现人在庙会祈求生育的传统观念，因而深受人们的喜爱。

湖南湘西的茅古斯舞。舞者全身大部分暴露在外，上身和腿部涂上各种色彩的图腾，舞时人们围成两圈，男性在外圈、女性在内圈，男女人数相互对应。表达了广大群众渴望生命不断延续的共同理想和愿望。

在湖南民族民间舞蹈中，使用的道具、服饰和舞台布景，均以各种凶猛野兽，特别是豹子的形状为装饰物，而人们在日常生活中也以此为吉祥物。

豹子在湖南民间被奉为保护神，具有辟邪驱灾、保佑平安的功能。这些都充分体现了湖南古老的"豹文化"的内涵。

死是人生命的终结。按一般的传统观念，那是灵魂走向了另一个

■湖南民族舞蹈

■ 土家族民俗茅古斯舞

茅古斯舞 土家族古老而原始的舞蹈，是舞蹈界和戏剧界公认的我国舞蹈及戏剧的最远源头和活化石，从其服饰、道具到表演形式、表演内容，茅古斯真实地再现了父系社会至五代时期土家人的渔猎、农耕生产生活及婚姻俗状况。

世界。为了使灵魂在新世界得以安宁，活着的人们便要举行隆重的葬礼，这是一套严格的程序化的过程。

其中招魂、哭灵、跳丧等逐渐演变成了各种艺术化的形式，使葬礼也成为一种美感的表达。这种以歌舞来祭祀死者的丧葬习俗，表达了人们对死亡的美学认识和超然的审美态度。

湖南土家族的跳丧舞，苗族的先锋舞，汉族的跑花舞和穿花舞等，都是专用于祭祀死者的舞蹈。这些跳丧舞尽管形式不同，风格各异，但都有强烈的感情宣泄和感官愉悦的功能，具有浓厚的浪漫主义色彩。同时也体现出一种崇高的悲剧精神，揭示了生与死，即人的有限生命和时空无限的宇宙的矛盾。

跳丧舞就是这种矛盾和悲剧精神的迸发，在对逝去的灵魂的声嘶力竭的呼唤中，充满了对生命的无限渴望，舞者观者都在这种狂热的歌舞中表达了对命运的抗争，获得了宣泄后的平衡和快感。这种生命的躁动，情感的冲突，才造成了震撼人心的、悲壮的、具有极高审美价值的丧葬歌舞。

湖南民族民间舞蹈最典型之处，就是它有着稚拙古朴的艺术神韵。湖南具有深厚的农耕文化的根基和底蕴，从而衍化了湖南民族民间舞蹈的稚拙古朴的审美特征。

如踩瓦泥舞，反映了湖南各地区瓦泥制作过程，有着较强劲感的"踩瓦泥"这一劳动生活形式，紧紧抓住泥滑、溜、沾、连的质感特征，从而形成舞蹈的扶、拉、扯、推的动态、动律，并将踩瓦泥过程中喊、叫、笑、闹的生活情趣融为一体，使舞蹈卷起一浪推过一浪的生活热潮。

在这里"踩瓦泥"已不是单纯地展现其劳动过程，而且通过稚拙古朴的动作和情节，极大限度地满足了人们对舞蹈审美的需求，是一种美的享受。

湖南的傩戏是一种古老而罕见的剧种，被称为戏剧的"活化石"，它是以驱鬼逐疫、敬神祭祖、祈求丰年和娱人乐神为目的的宗

湖南民族歌舞

教戏剧表演艺术。

傩戏最初起源于原始社会的图腾崇拜，大约在周代，这种古老的祭祀仪典就以独特的艺术风姿跃上了艺坛。到了汉代，傩舞成为民间常设礼仪，驱傩场面十分隆重。唐开元年间出现了自己的曲谱，宋、元之后逐渐演变为傩戏。

傩戏的剧目可分为两大类：一类是以舞蹈为主的小节目，主要用于驱鬼逐疫和祈求丰年。这类剧目情节单纯，舞蹈动作古朴、强悍、生动，有固定的身段程式，煞尾有庄严雕塑式的造型。

唱词有浓郁的乡土气息，句尾有叠韵、回环句式，观众和演员用不同音调呼唤应和，同演同乐，气氛热烈，浑然一体。

傩戏的另一类剧目是本戏，有一定的故事情节，大多由后人移植加工而成。在伴奏上采用锣鼓之类的打击乐，而无丝竹之声。

傩戏的面具，可谓别具风韵，全由桃木和柳木精雕细刻而成，外涂彩釉，酷似神庙中雕神面目。表演时，演员将各表其意的面具用绳带缚于头上，借助一些大胆的夸张和粗犷、反复的程式化动作来表现人们的心理活动，宣泄心中某种神秘的情感。

阅读链接

湖南民族民间舞蹈，这种稚拙古朴的艺术风格的形成，主要由于舞蹈艺术乃是民间共同创造并反映民众共同的审美理想和审美情趣的本质特征所决定的，同时也和它在发展与演变的过程中长期的文化积淀有关。

传统的审美意识影响和左右了人们的欣赏习惯，大多数人往往宁愿喜欢那些简单熟悉、朴实自然的东西，而不太喜欢那些深奥繁复、难以理解的东西，这也是湖南民族民间舞蹈之所以流传久远、为广大群众所喜闻乐见的根本原因。